水島篤作品集　恐竜日本画帖

芸術新聞社

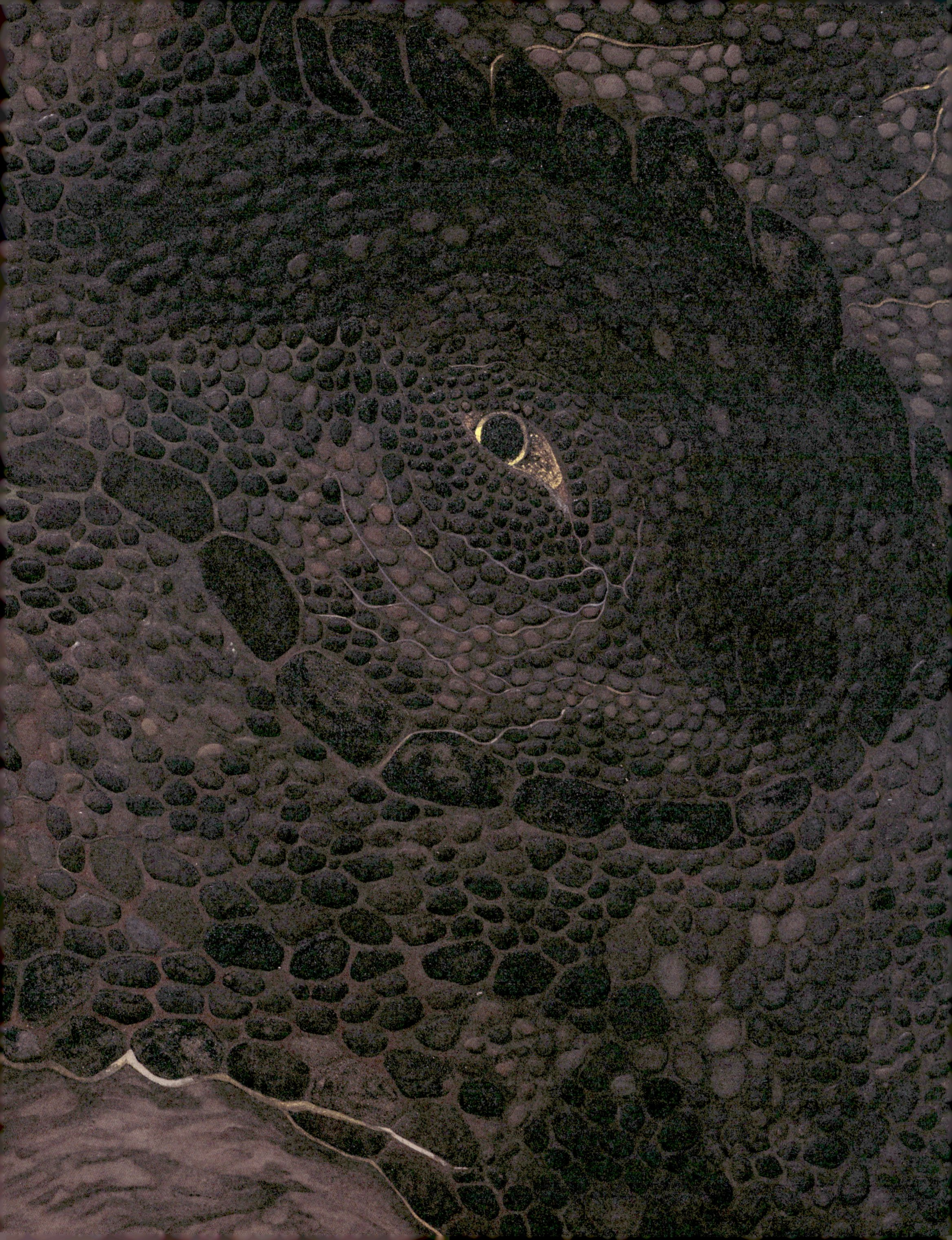

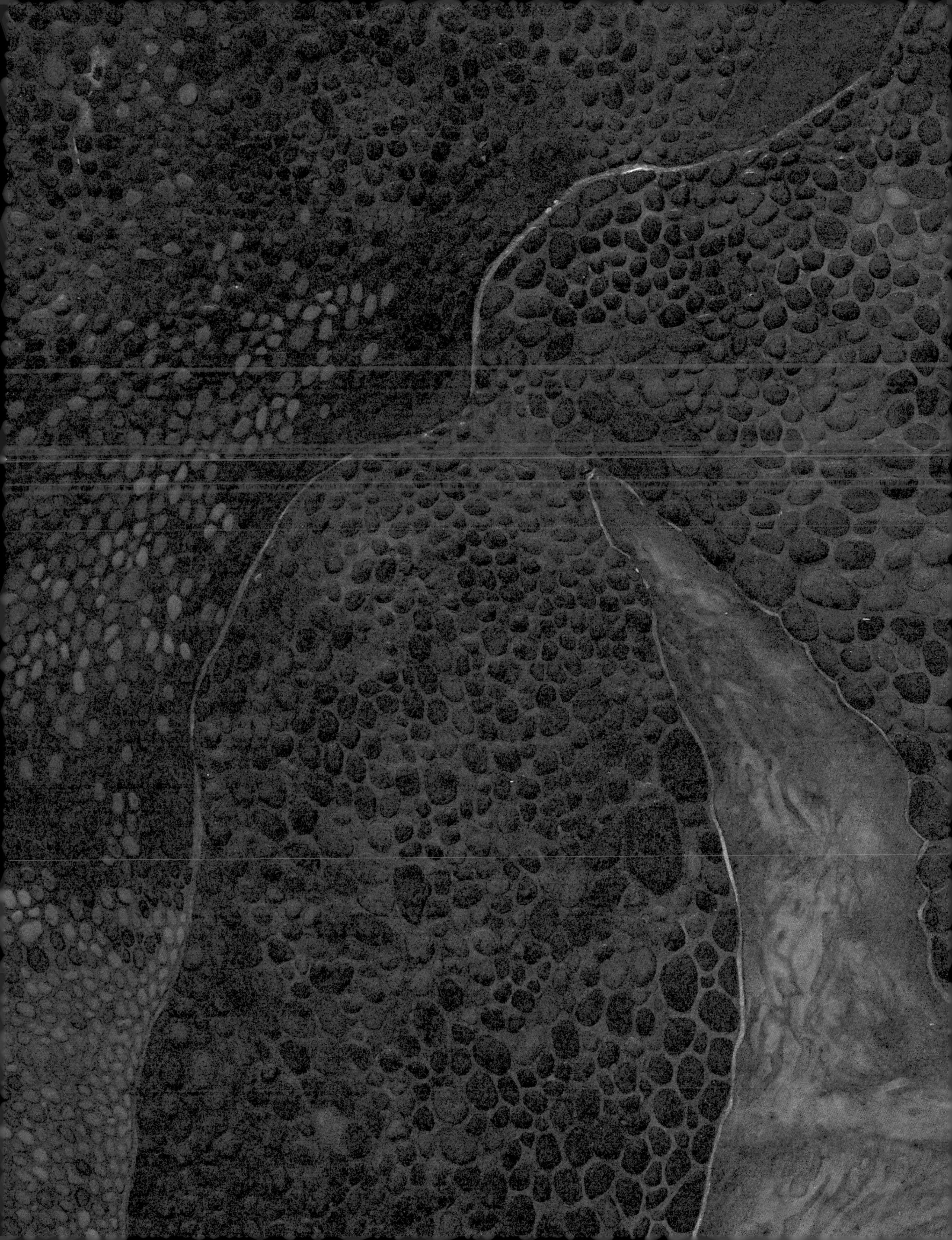

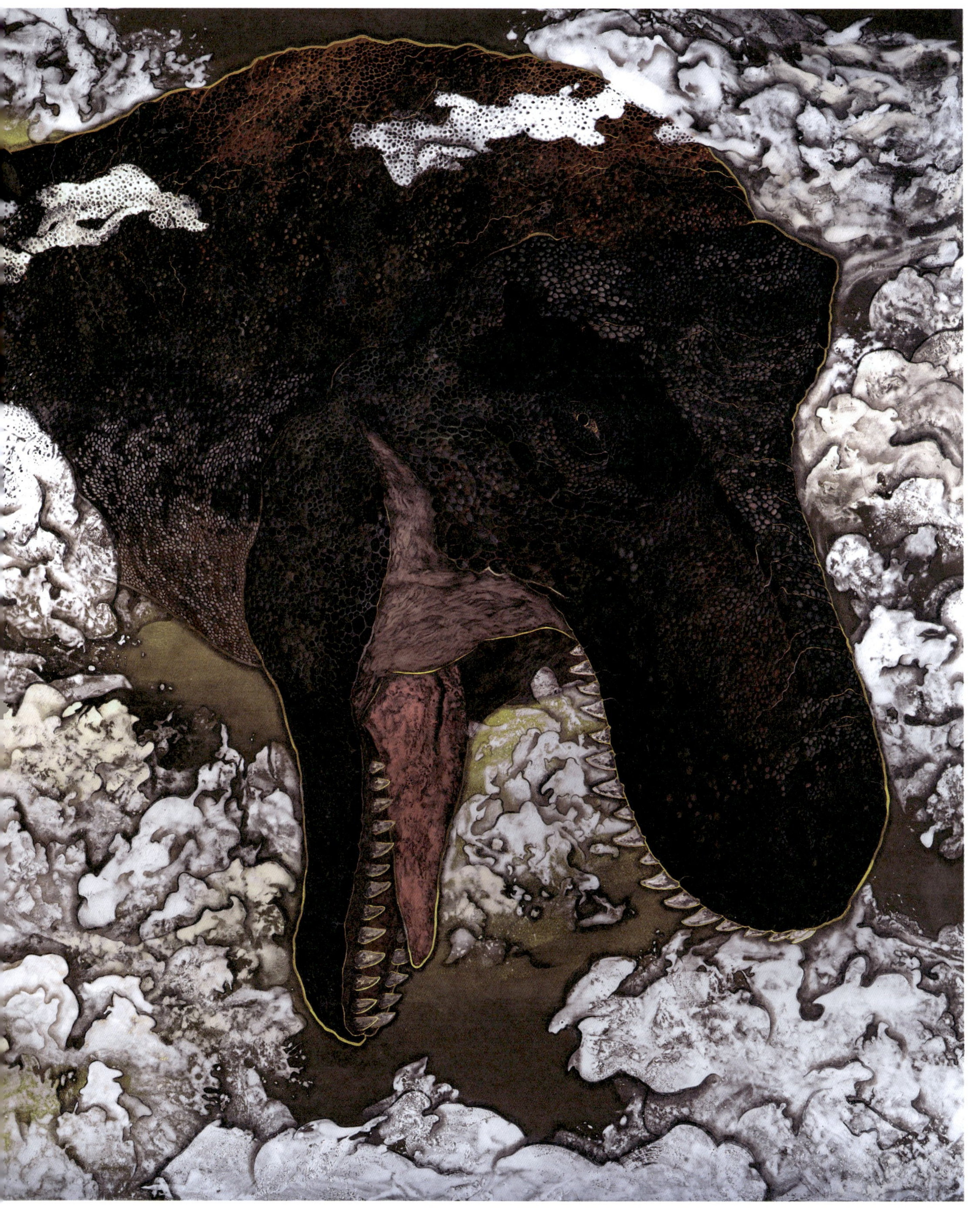

2021年　100.0 × 100.0cm

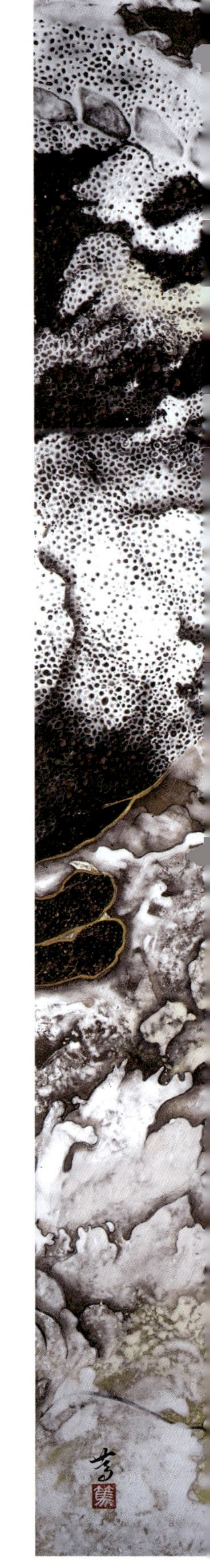

邂逅 ― ティラノサウルス

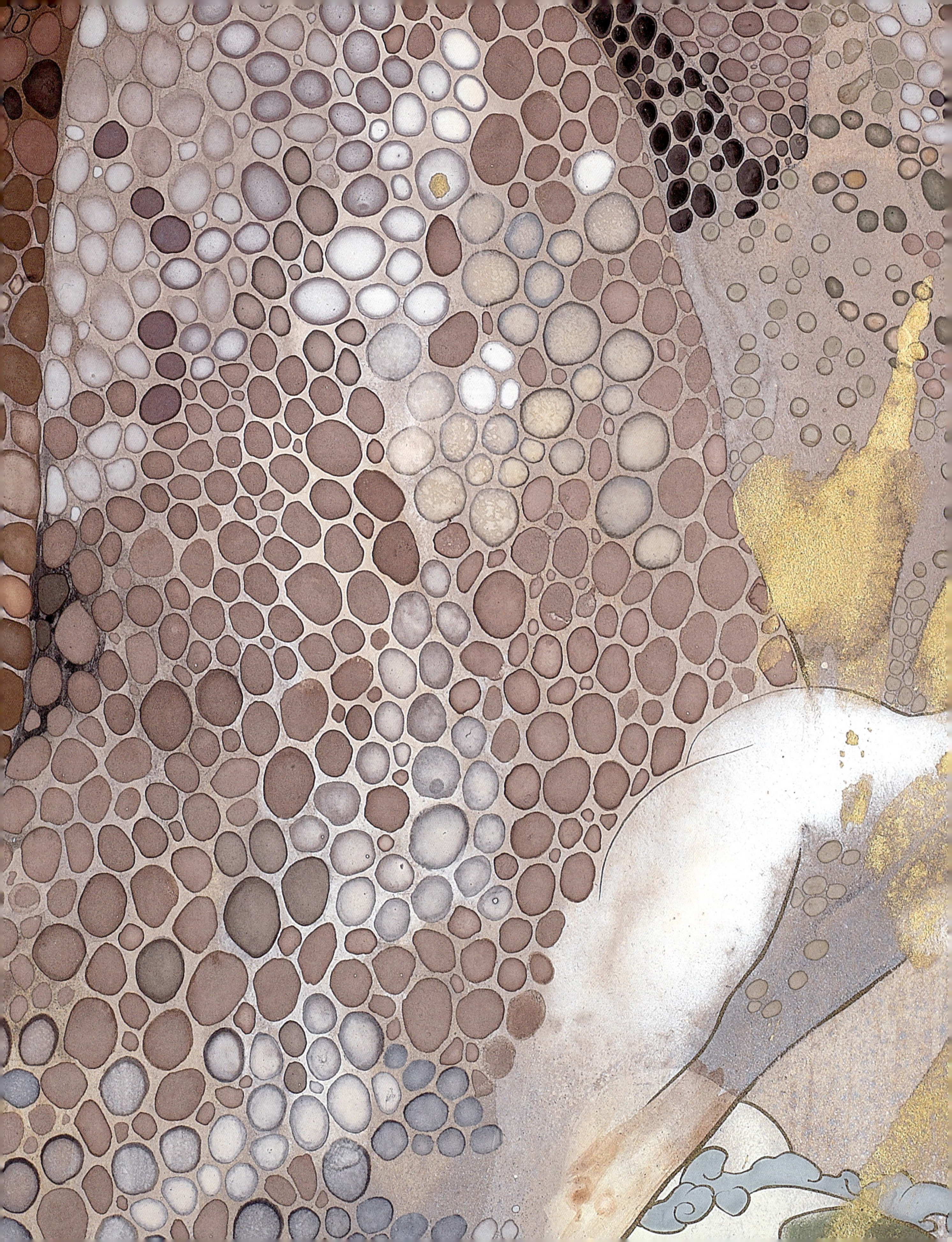

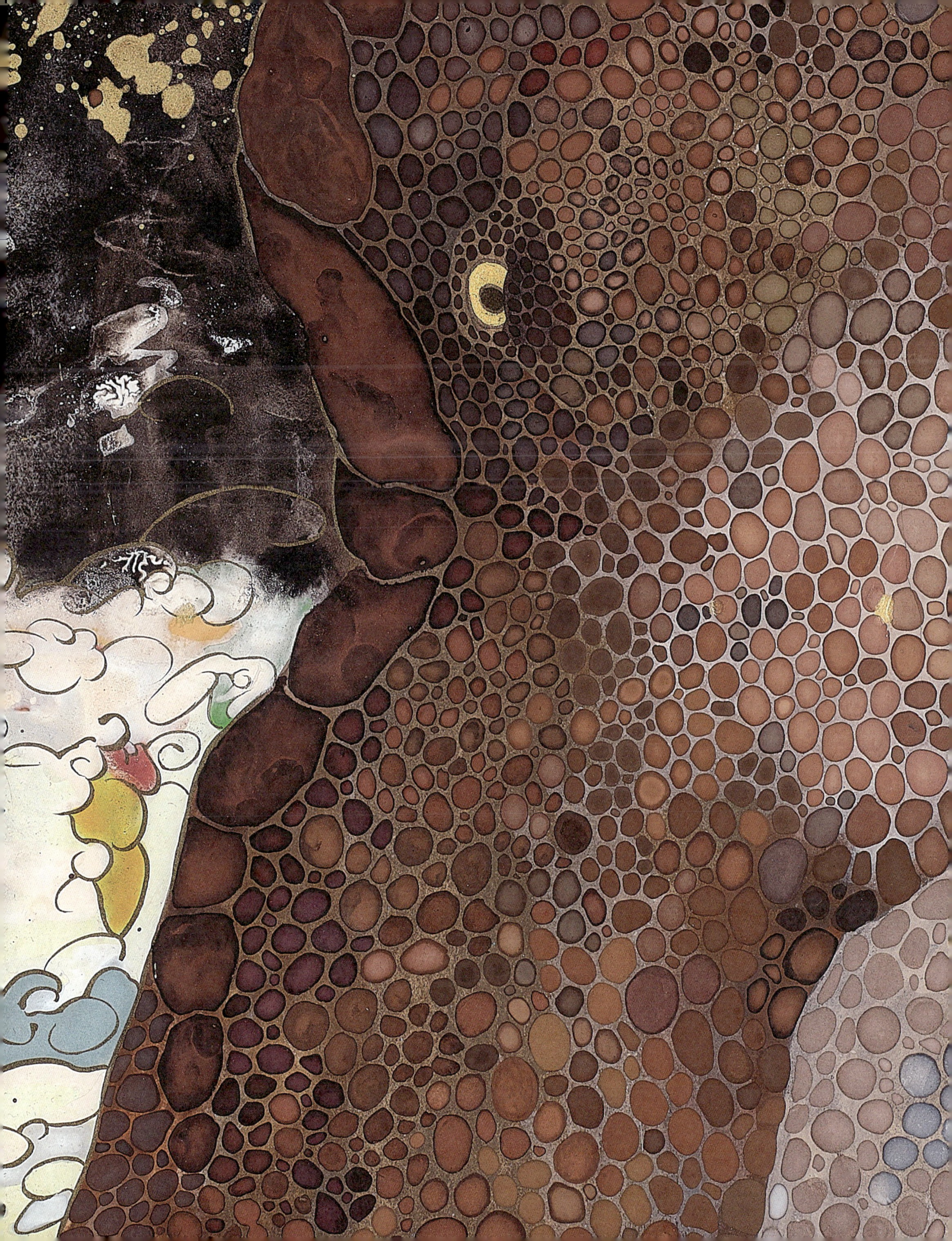

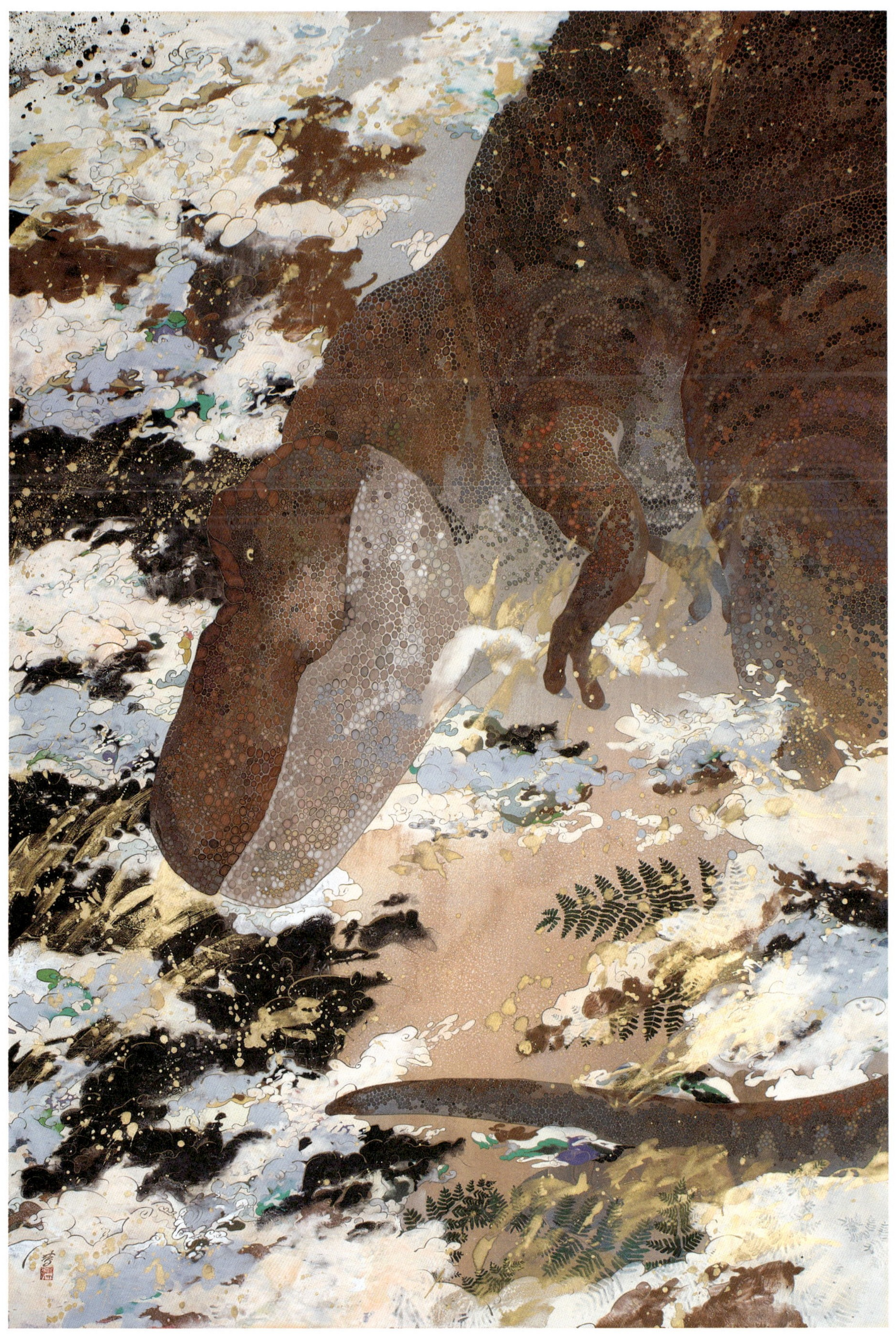

歌詠み竜 ― ティラノサウルス

2024年　162.0 × 112.0cm

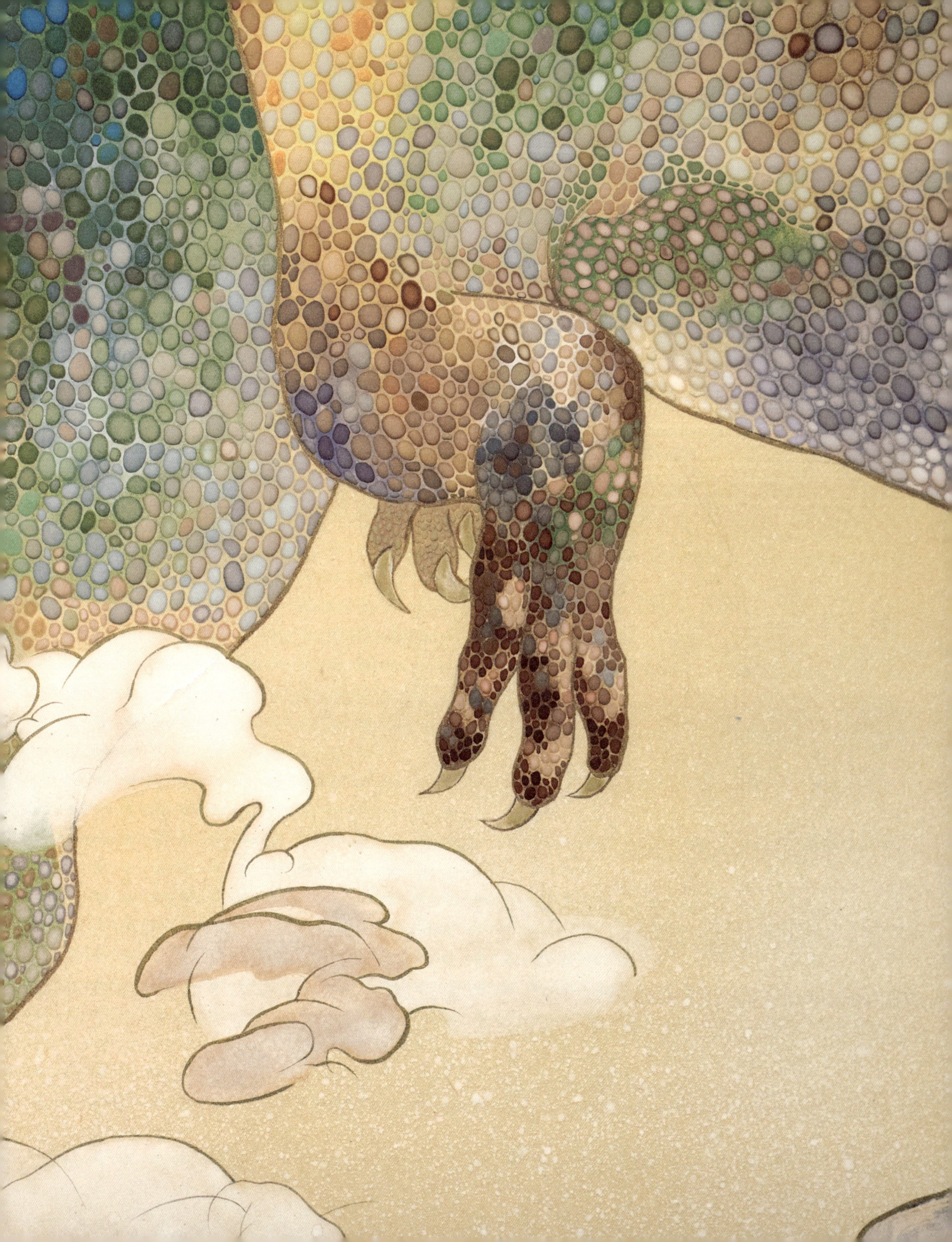

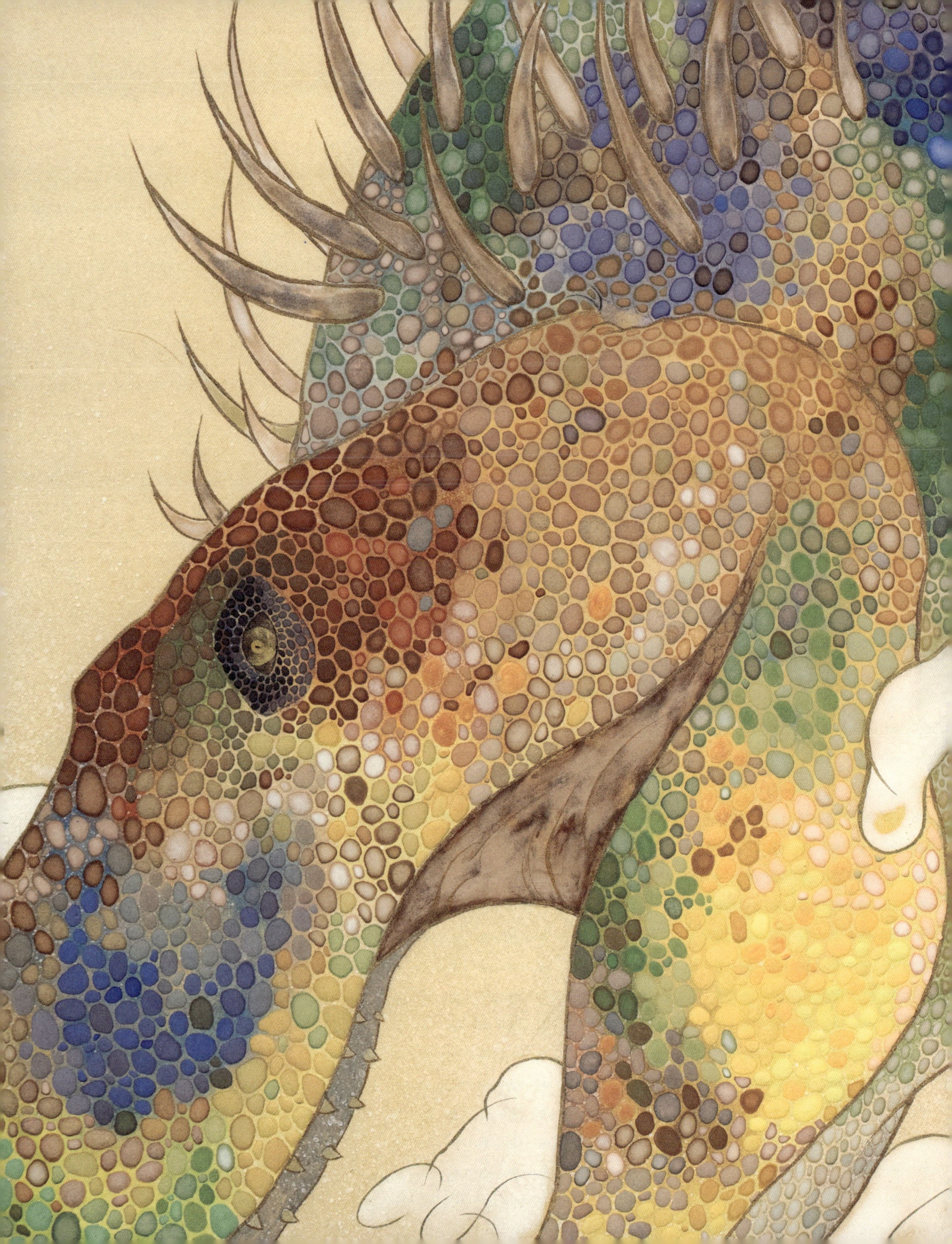

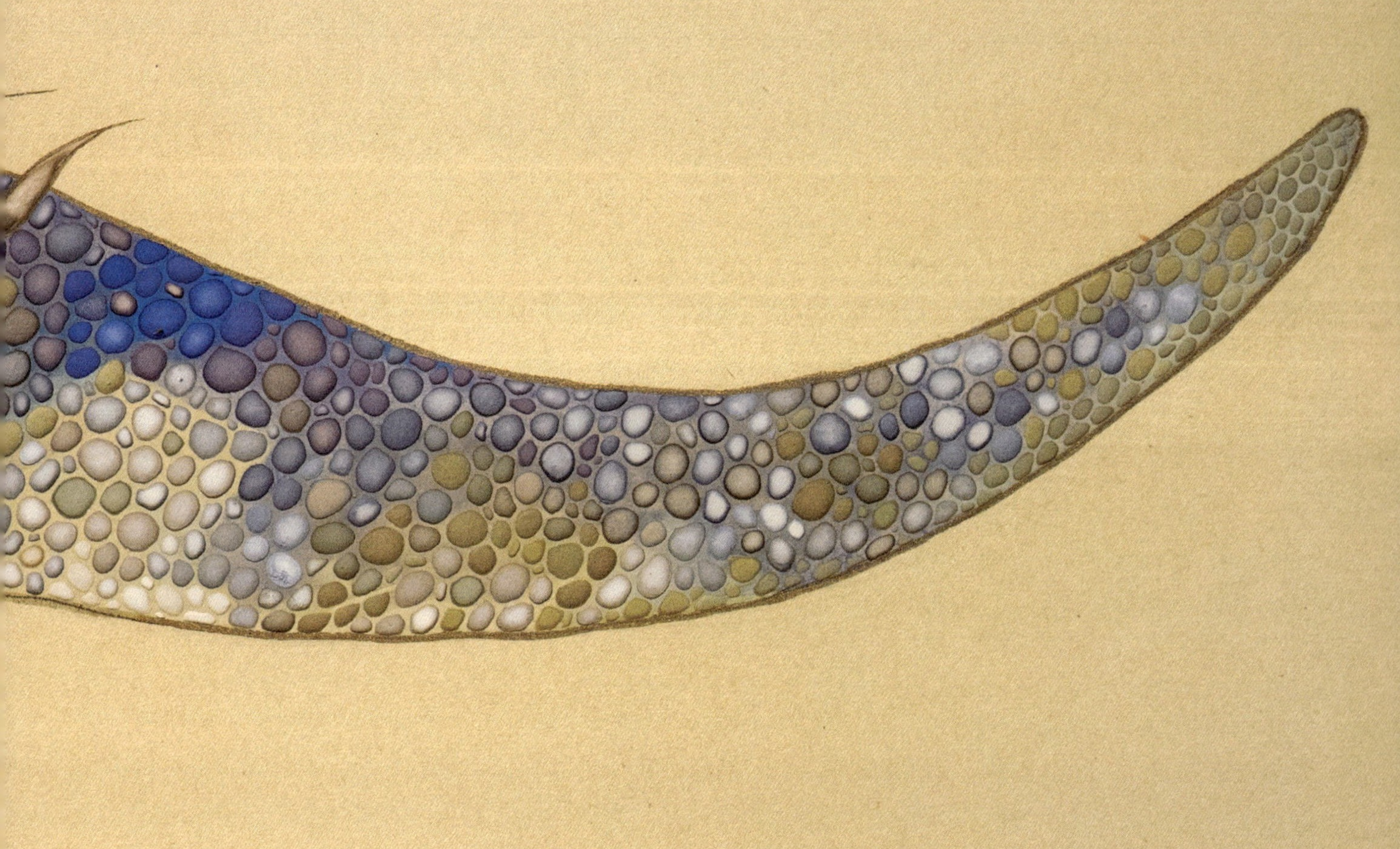

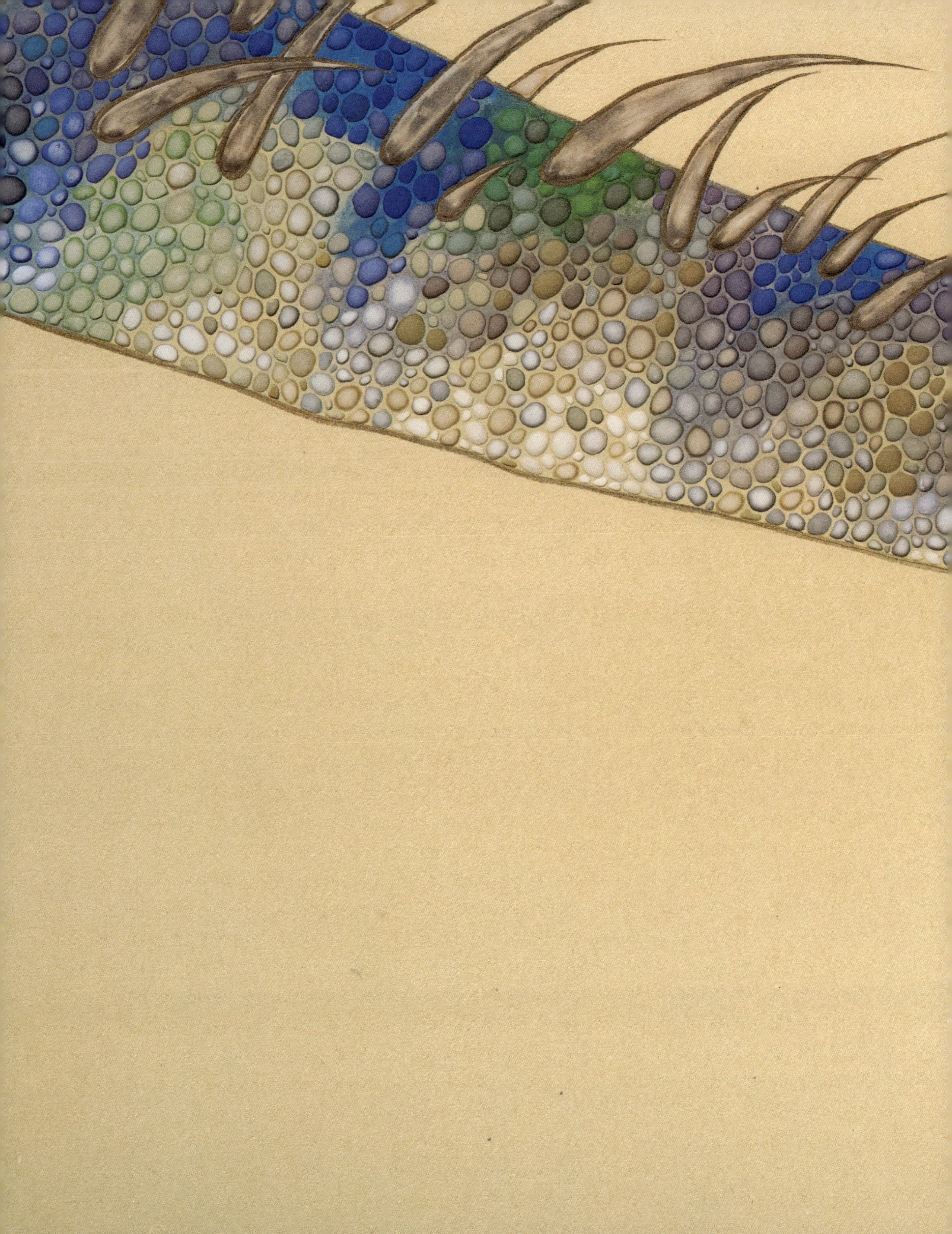

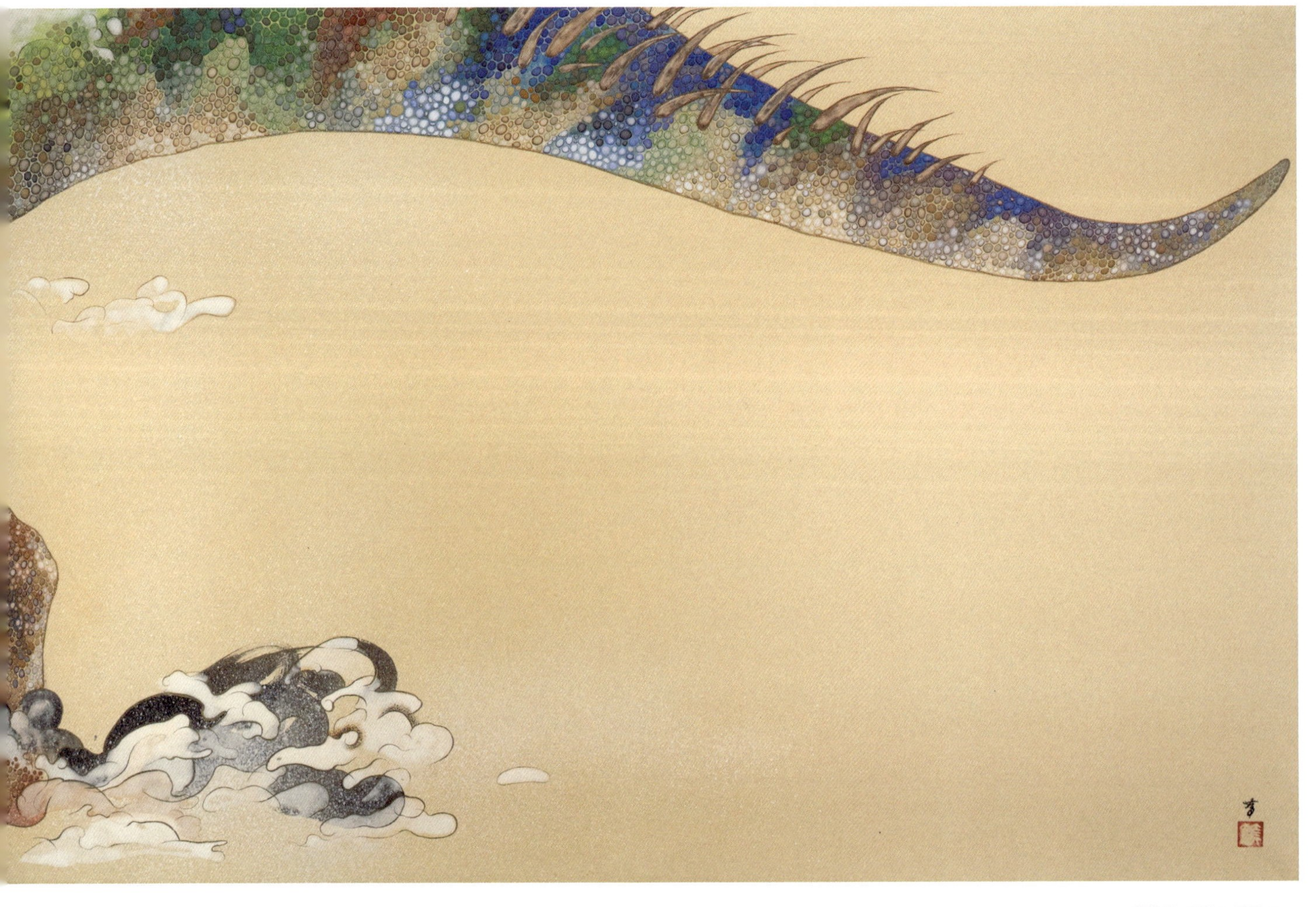

2023年　57.5 × 172.5cm

ゆめうつつ ― ギガノトサウルス

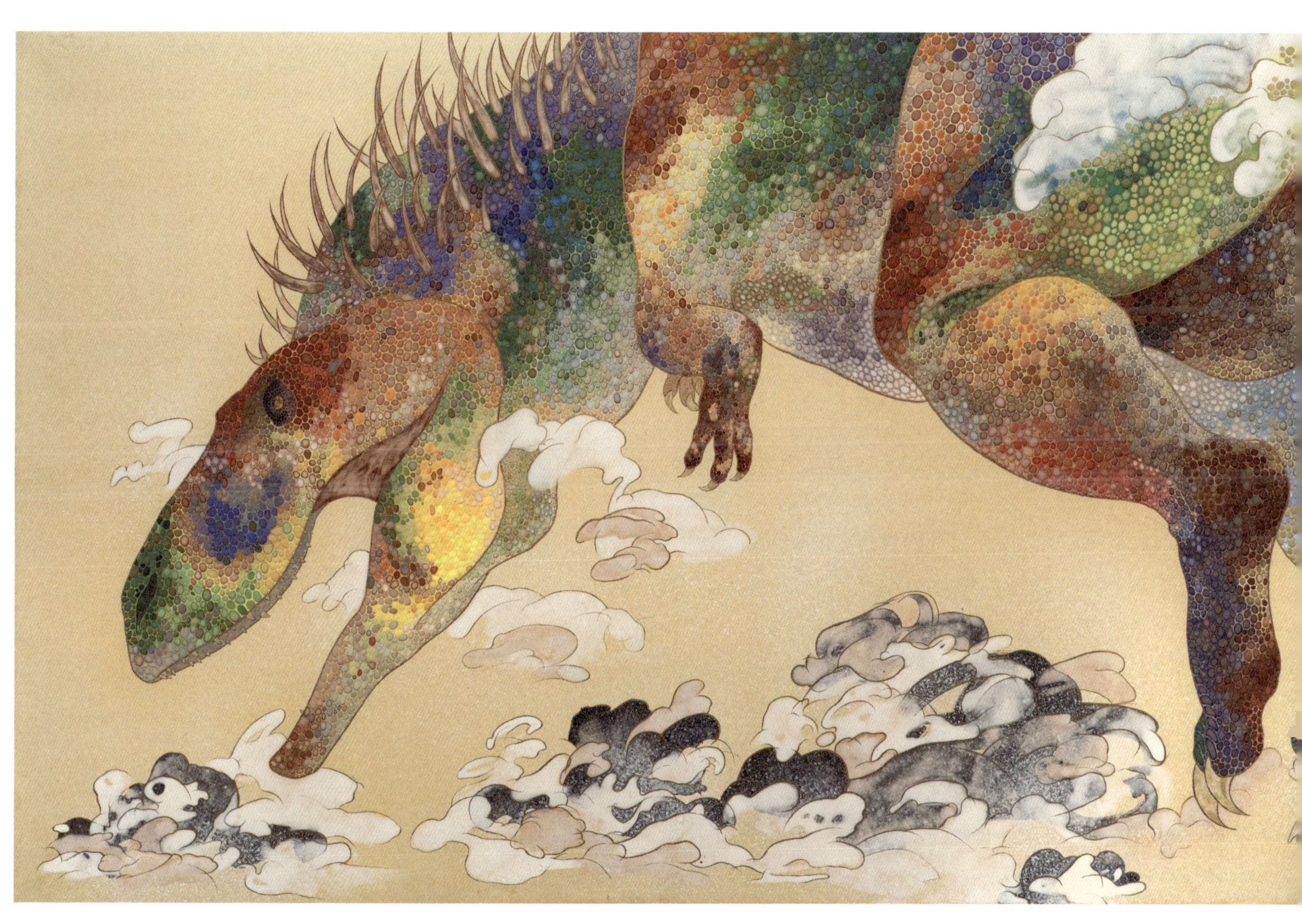

日本の伝統絵画ならではの、「間」が生み出す静謐な美意識。
岩絵具ならではの、煌びやかで艶やかで、たおやかな色彩。
その素材である鉱石が宿す、幾万年、幾億年の大地の記憶。

それらをこれまでにない解釈で融合し昇華させて、
恐竜という壮大な存在に新たな息吹を吹き込みたい——
そんな思いを込め、「恐竜日本画」を掲げて制作しています。

日本画の美質を大切にしつつ、自分だからこそ可能な表現で、
新たな絵画の地平を開拓すべく、日々筆をとっています。

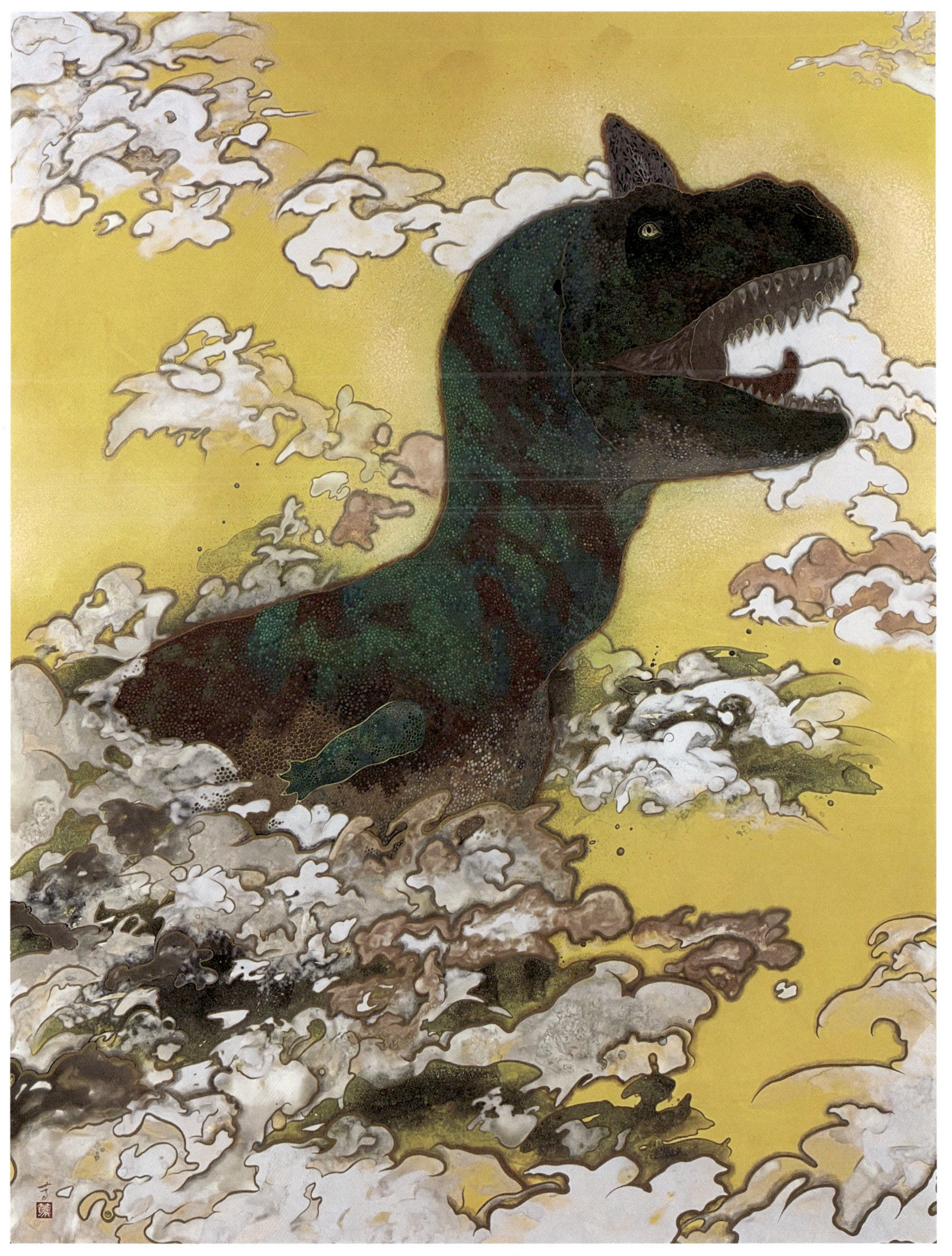

往古来今――カルノタウルス

2022年　116.7 × 91.0cm

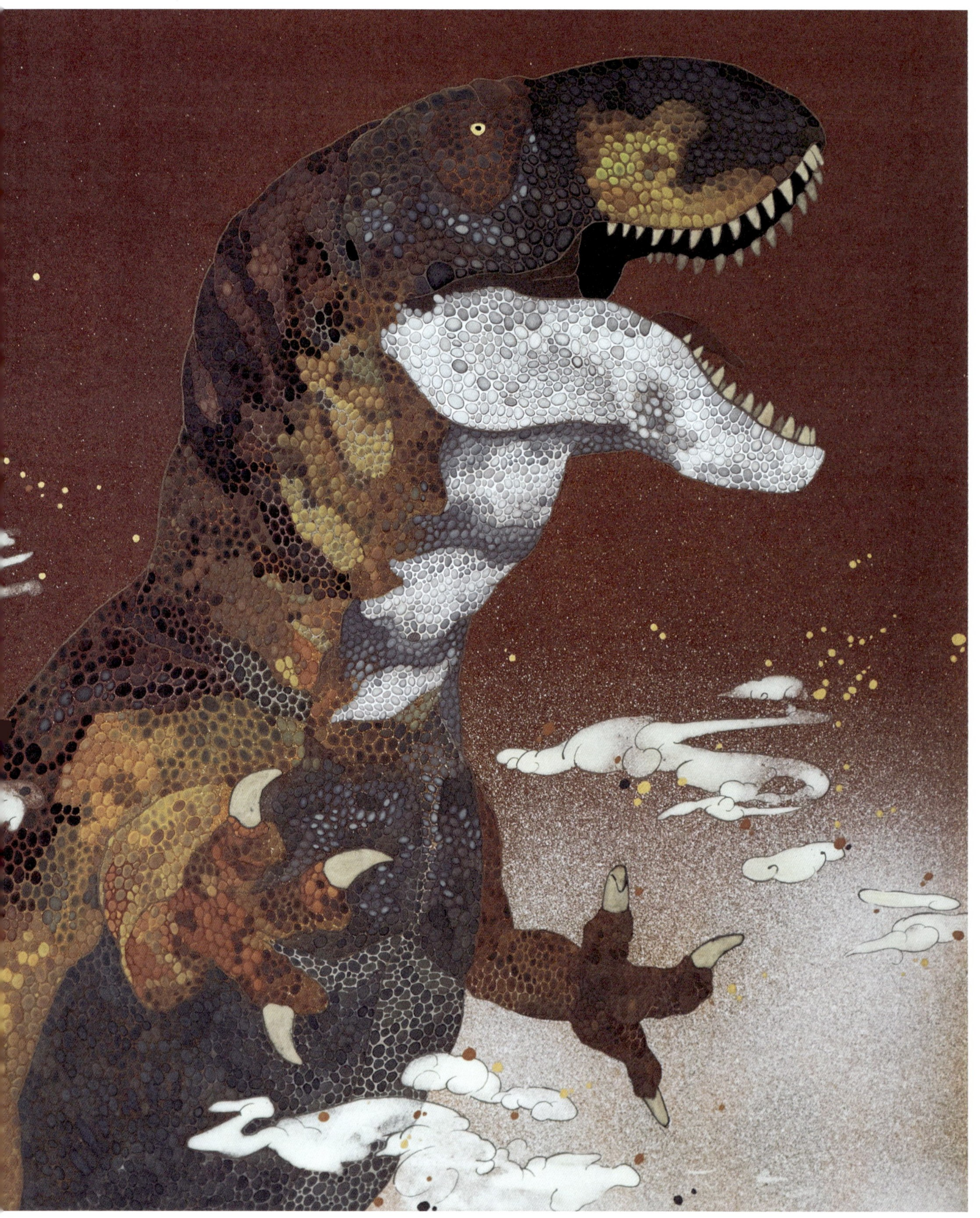

2024 年　53.0 × 65.2cm

晩方 ― メガラプトル

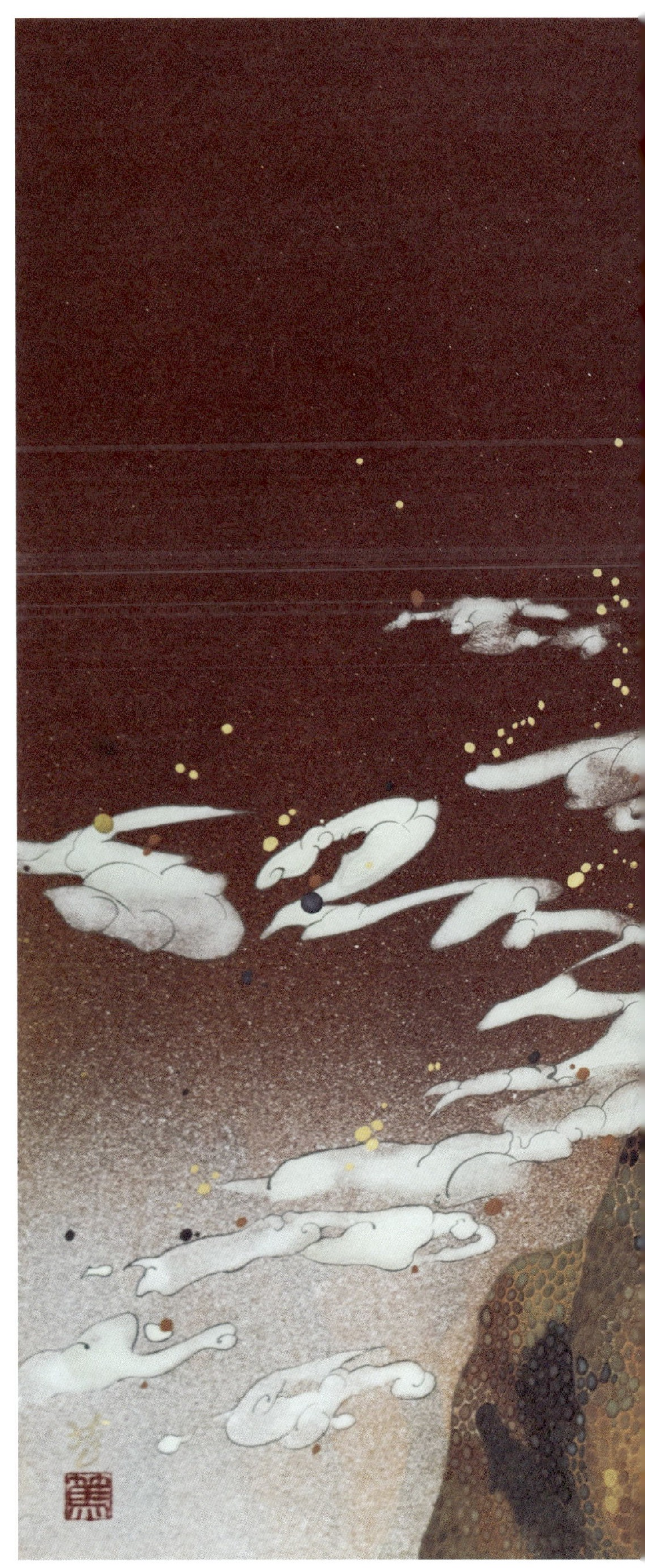

鷹揚 ── トリケラトプス

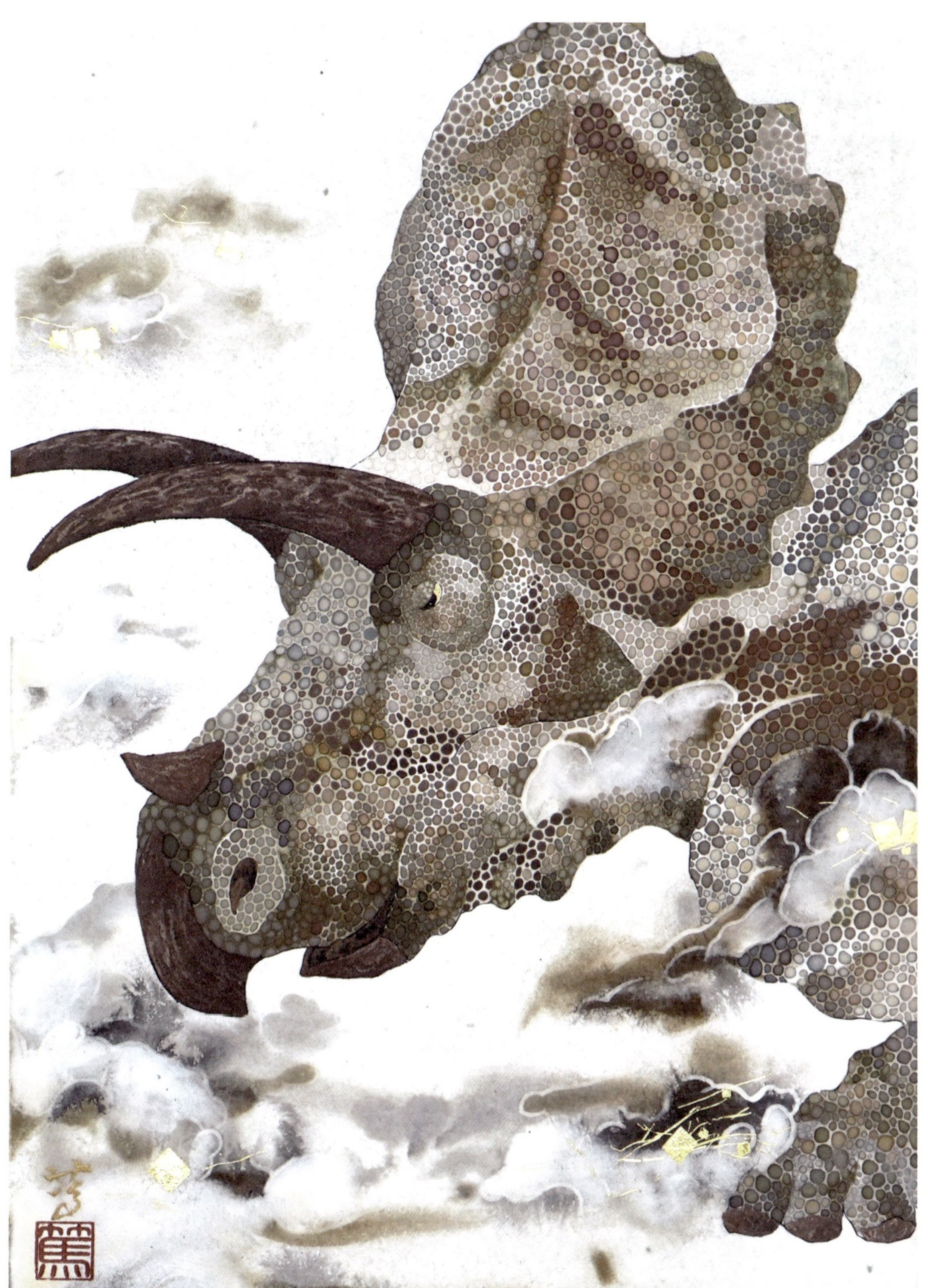

2024年　33.3 × 22.0cm

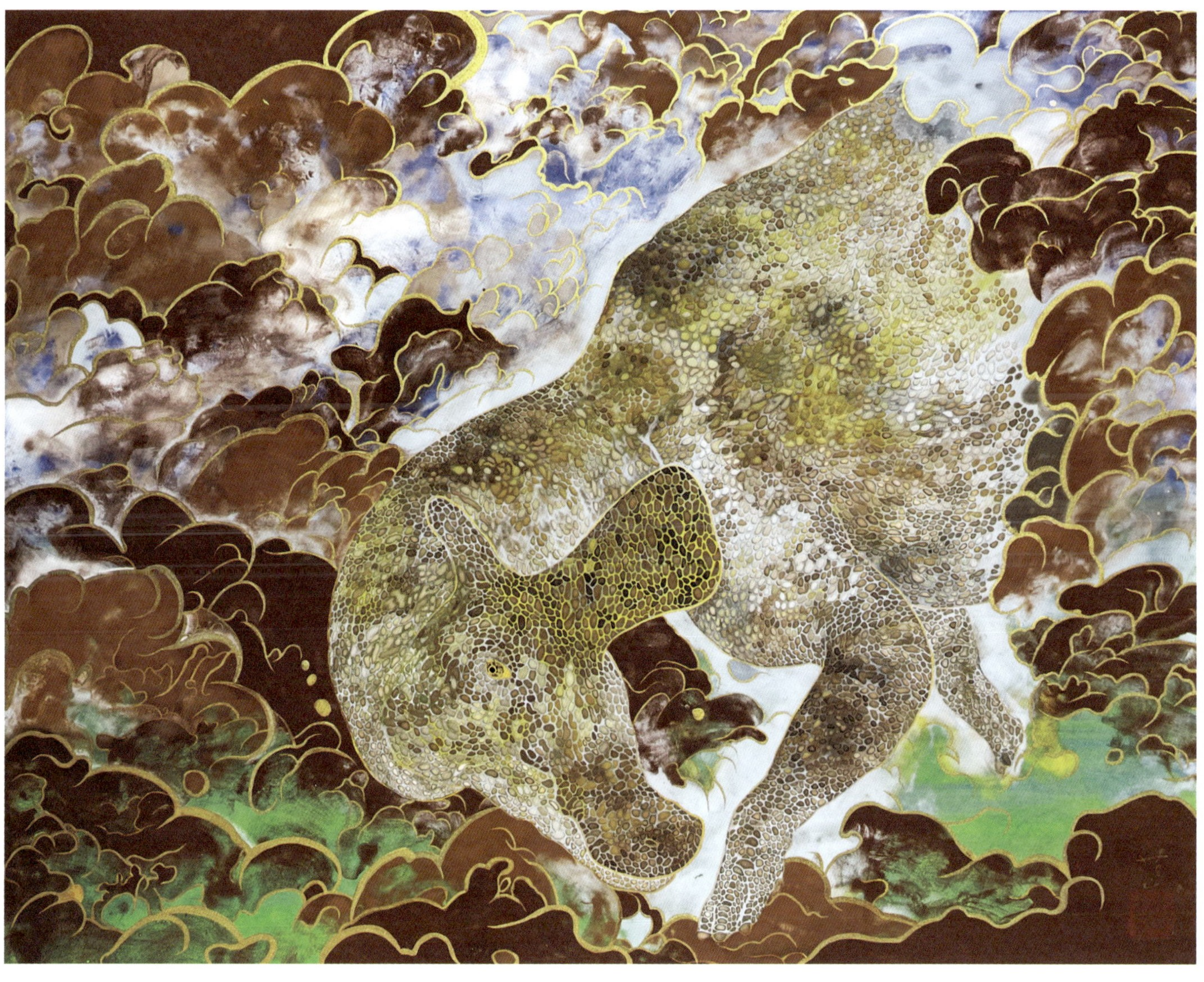

2022年　41.0 × 31.8cm

荘厳華麗――ランベオサウルス

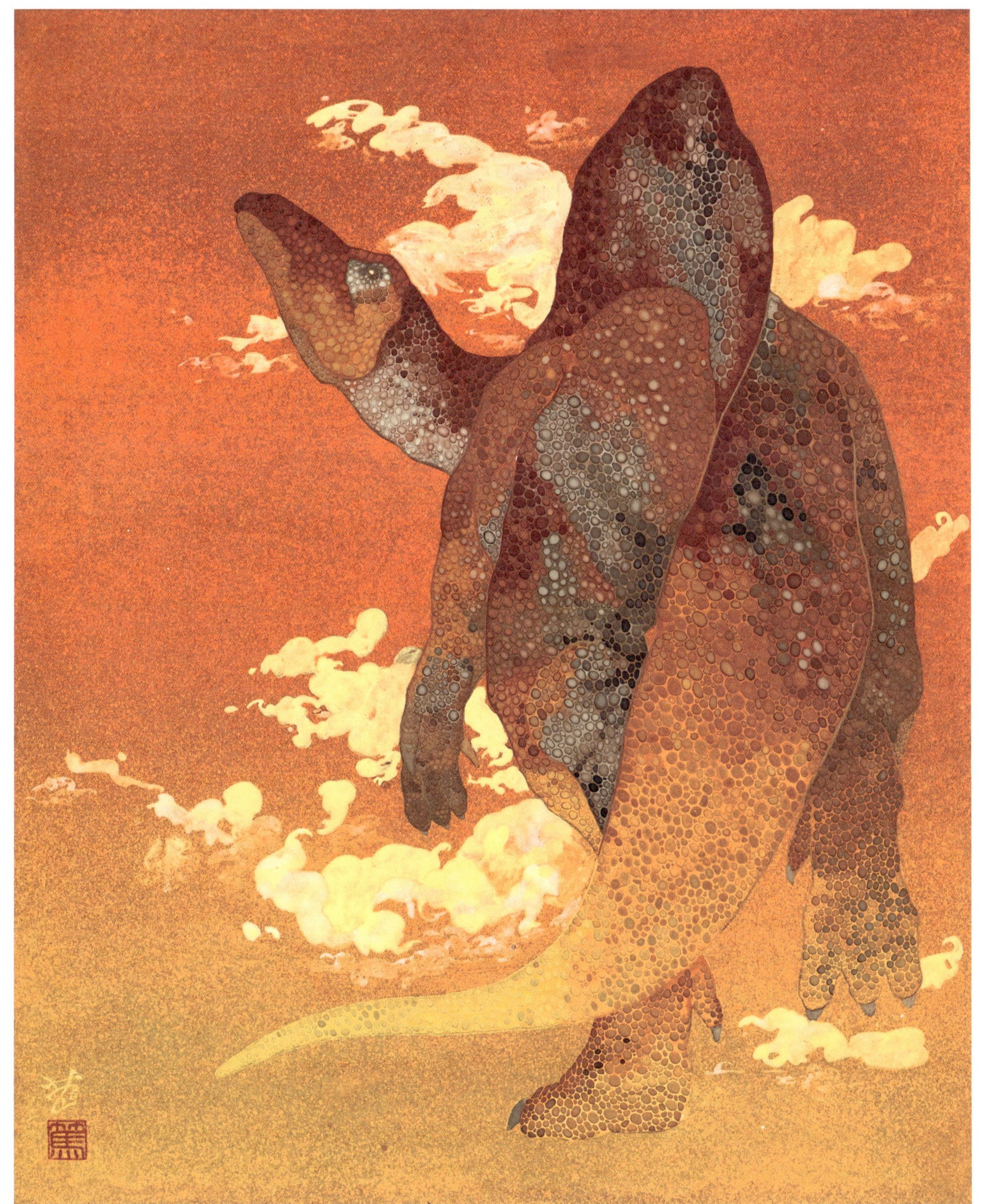

夕影 — オウラノサウルス

2025年　45.5 × 38.0cm

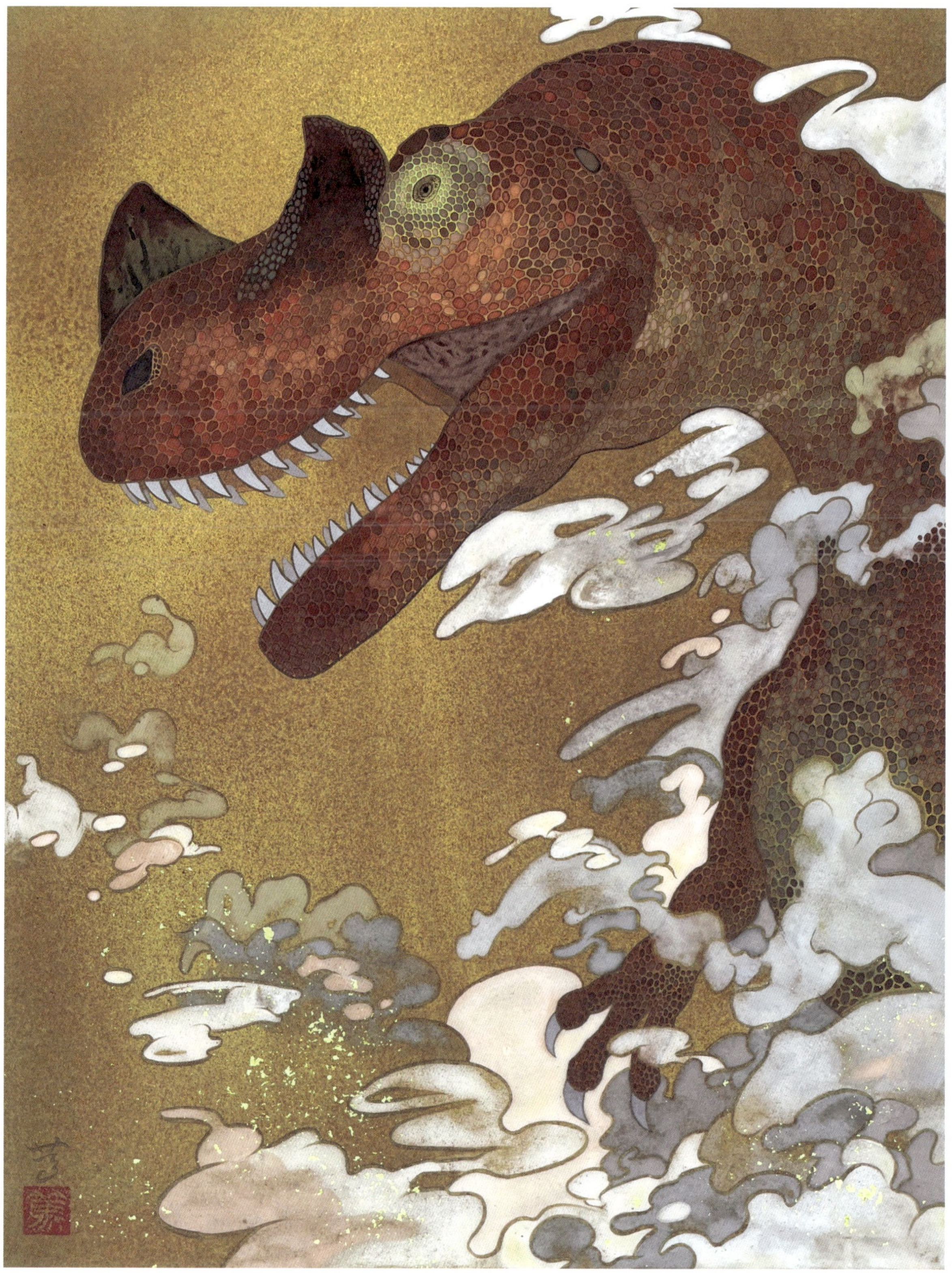

洒落 ― ケラトサウルス

2022年　41.0 × 31.8cm

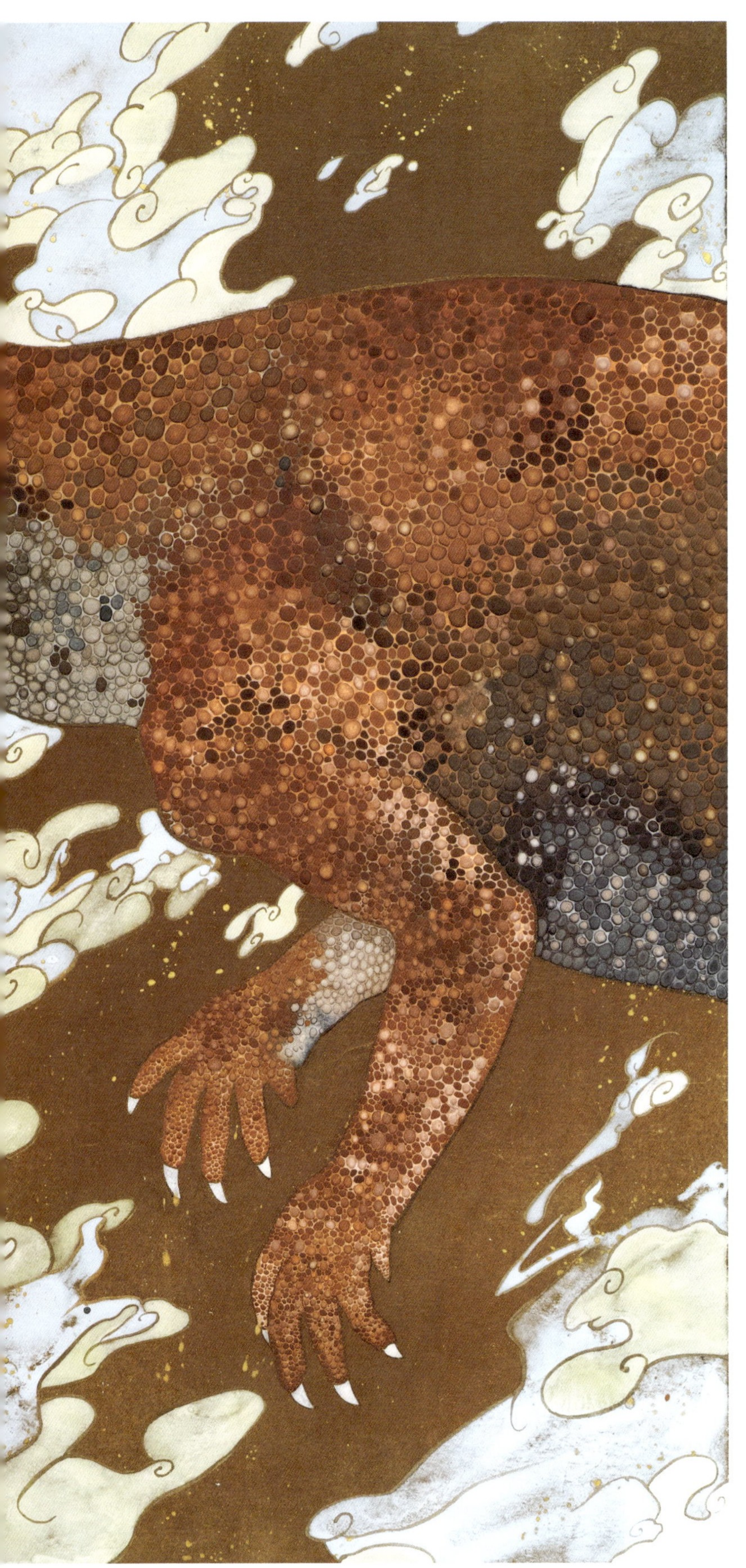

千歳 ― エオラプトル

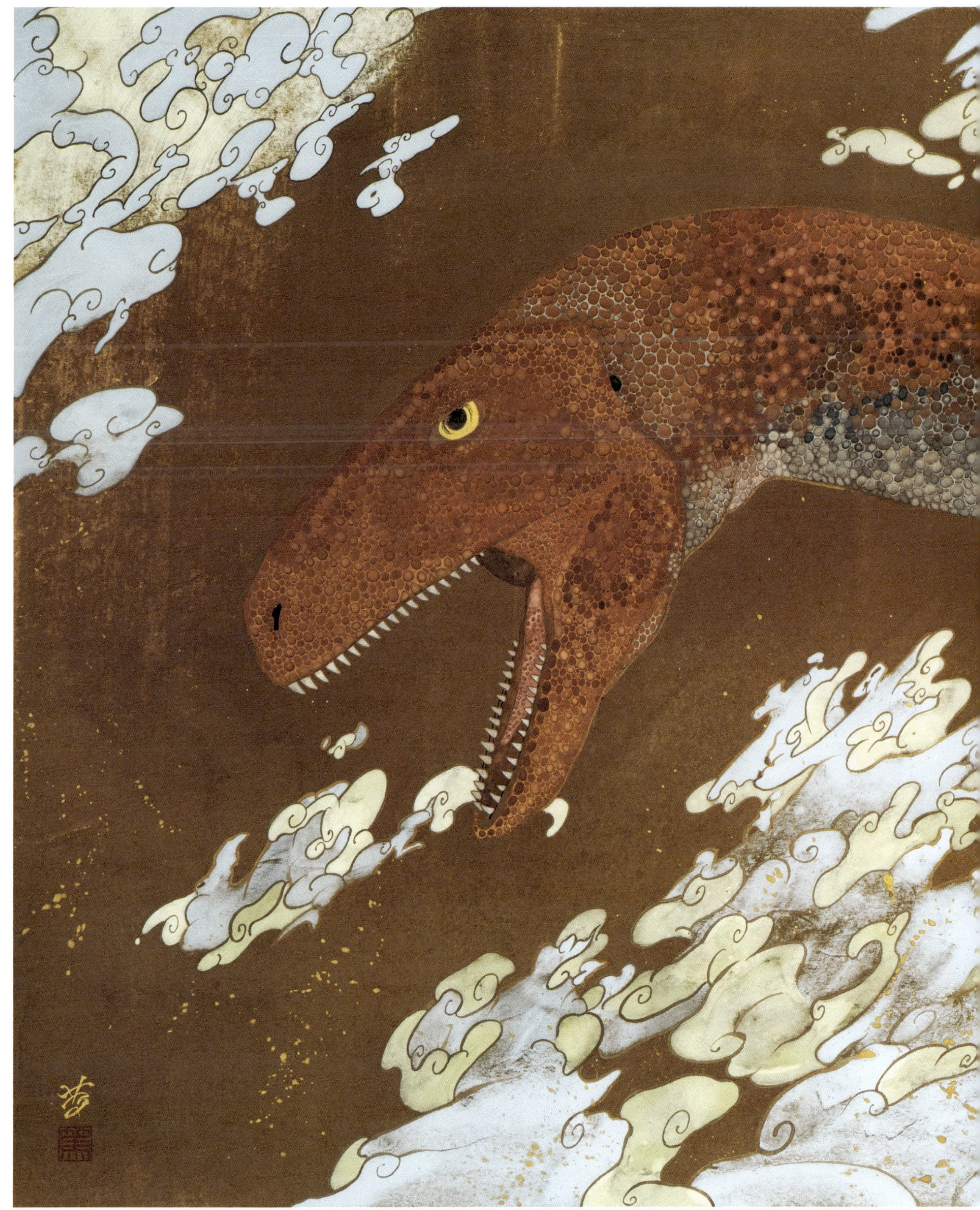

2024年　60.6 × 72.7cm

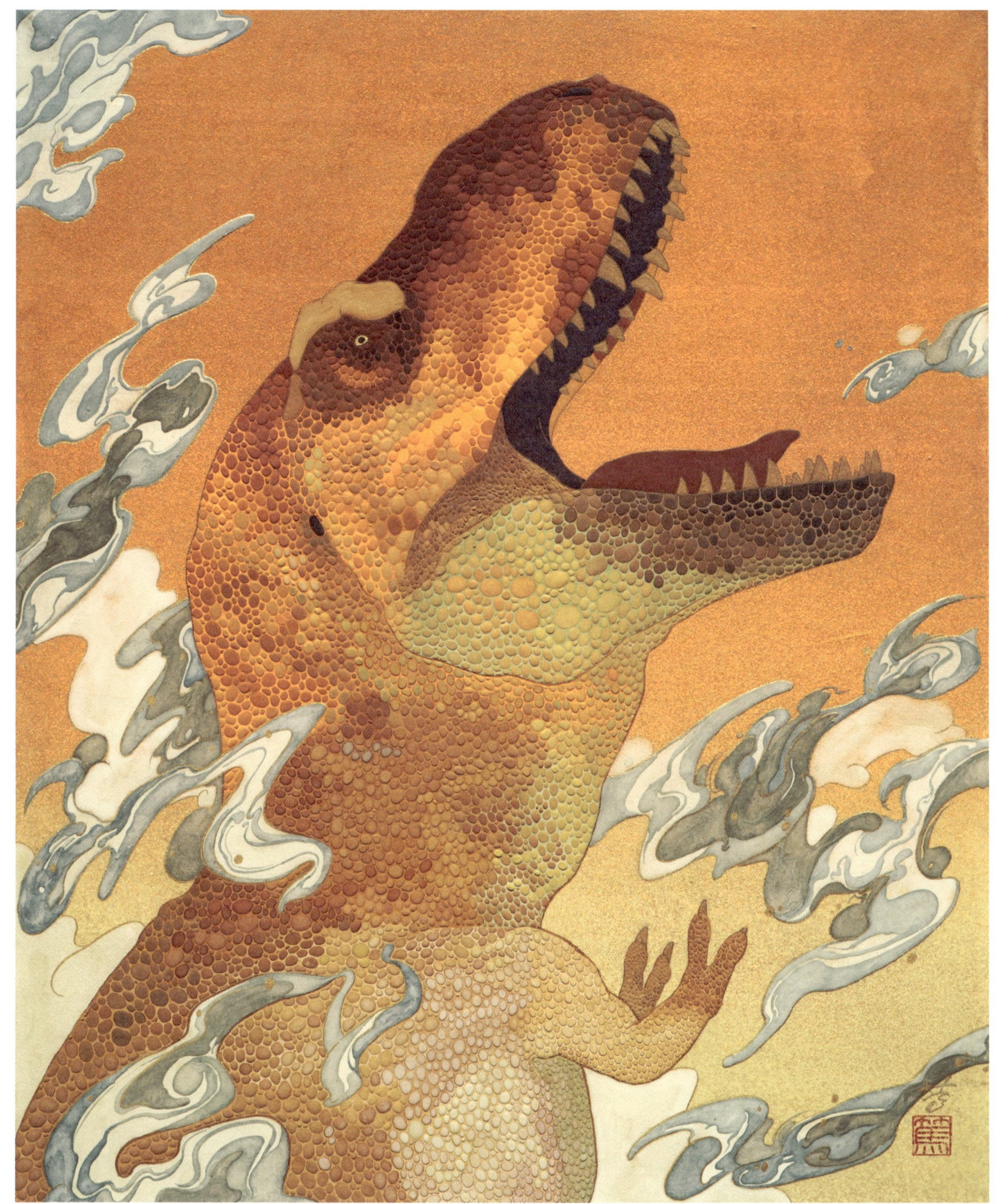

暮れ方――ティラノサウルス

2024年　45.5 × 38.0cm

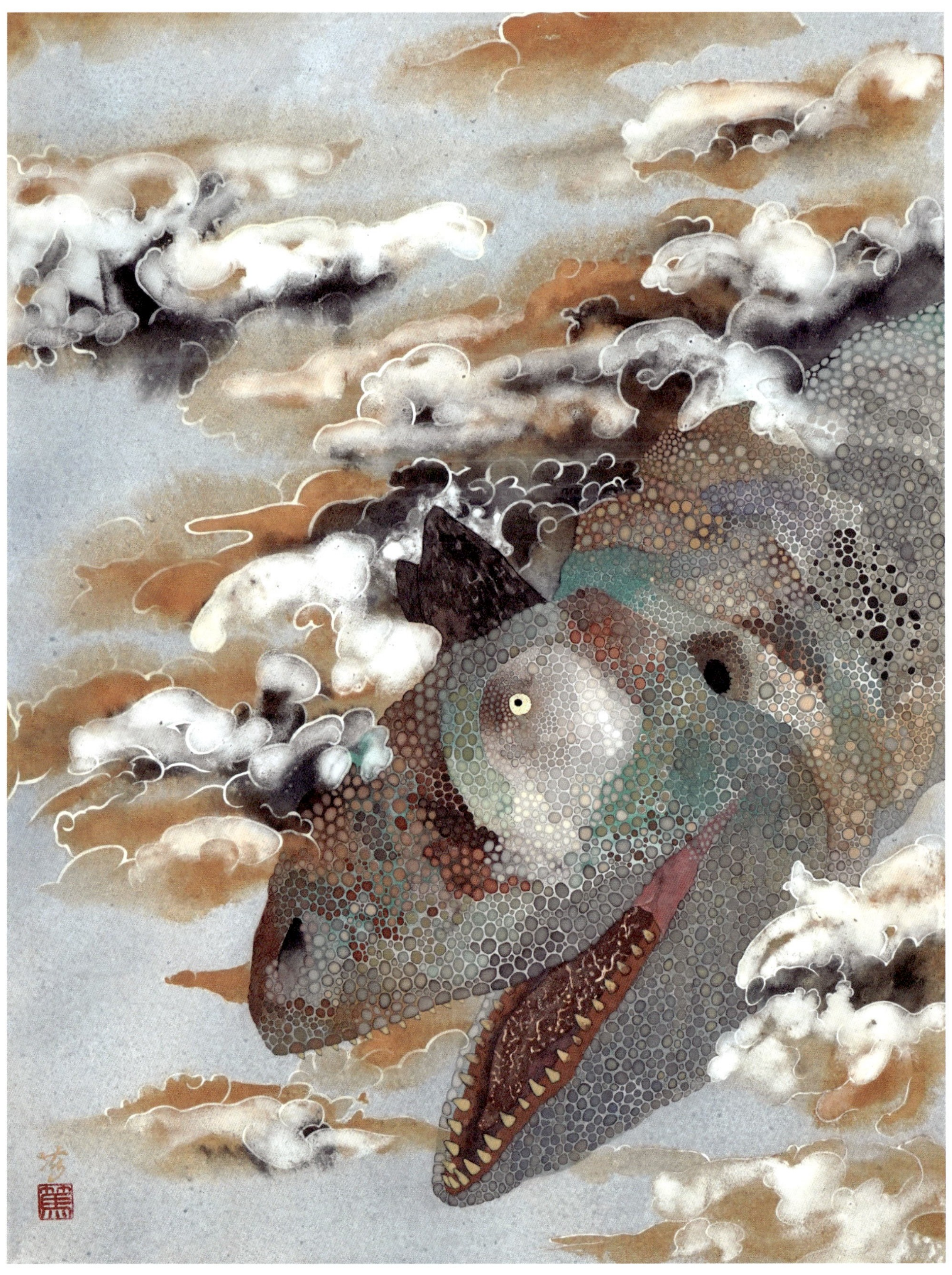

浮雲 ― カルノタウルス

2023年　53.0 × 41.0cm

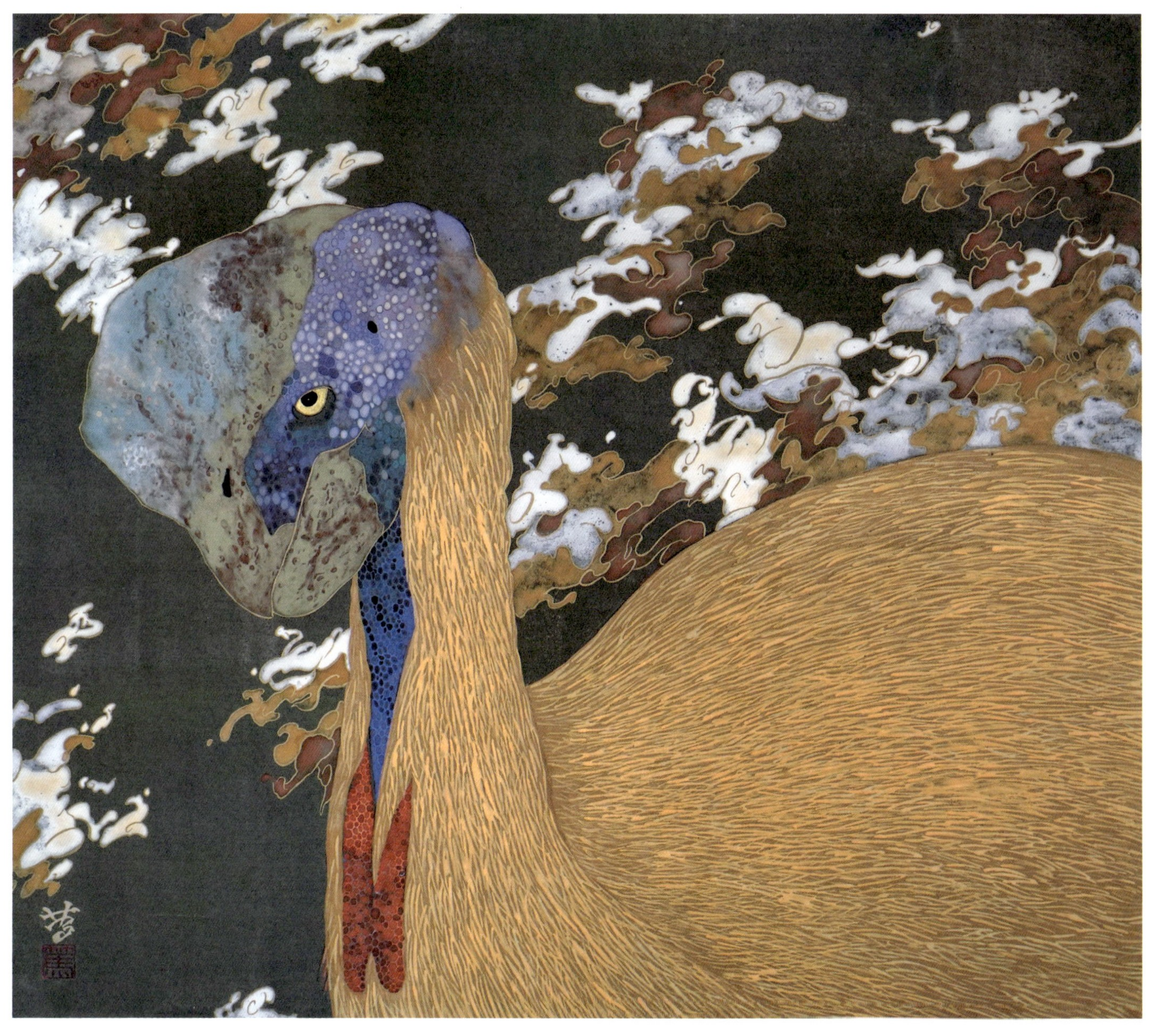

2023年　45.5 × 53.0cm

閑雅 ── オヴィラプトル

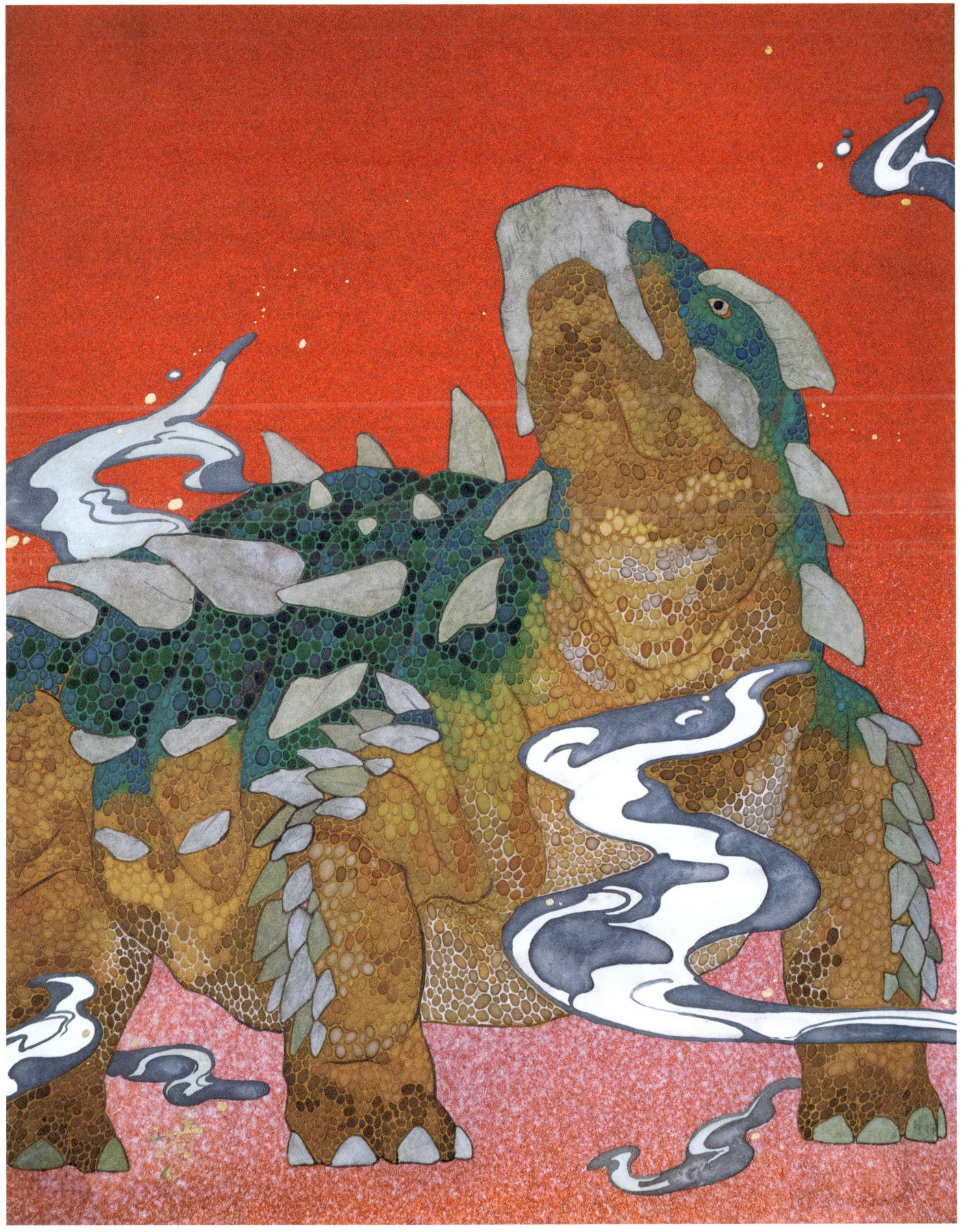

吉兆 ― ズール

2024年　27.3 × 22.0cm

慶兆——コンプソグナトゥス

2023年　53.0 × 33.3cm

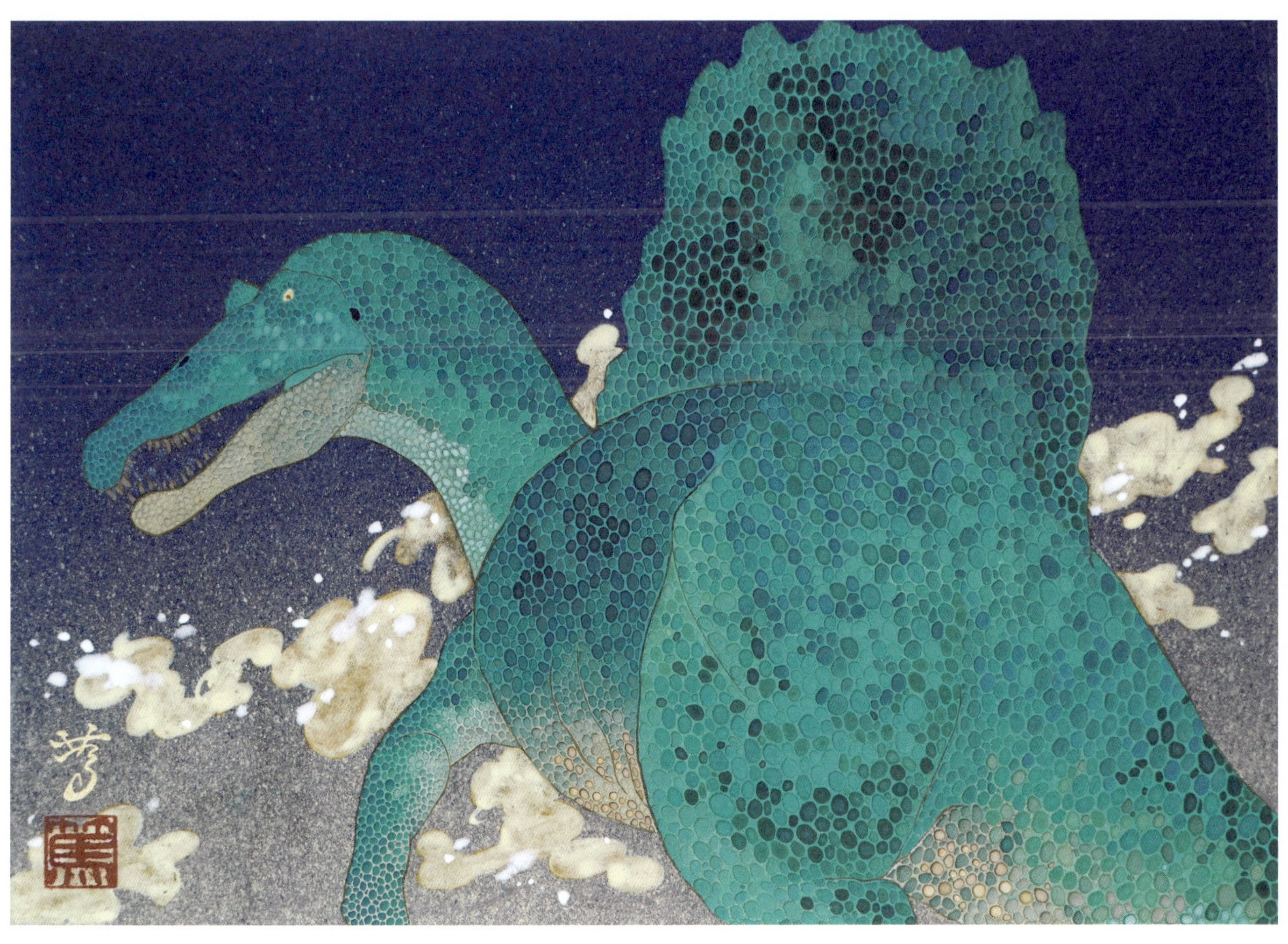

2025年　19.0 × 27.3cm

漂泊——スピノサウルス

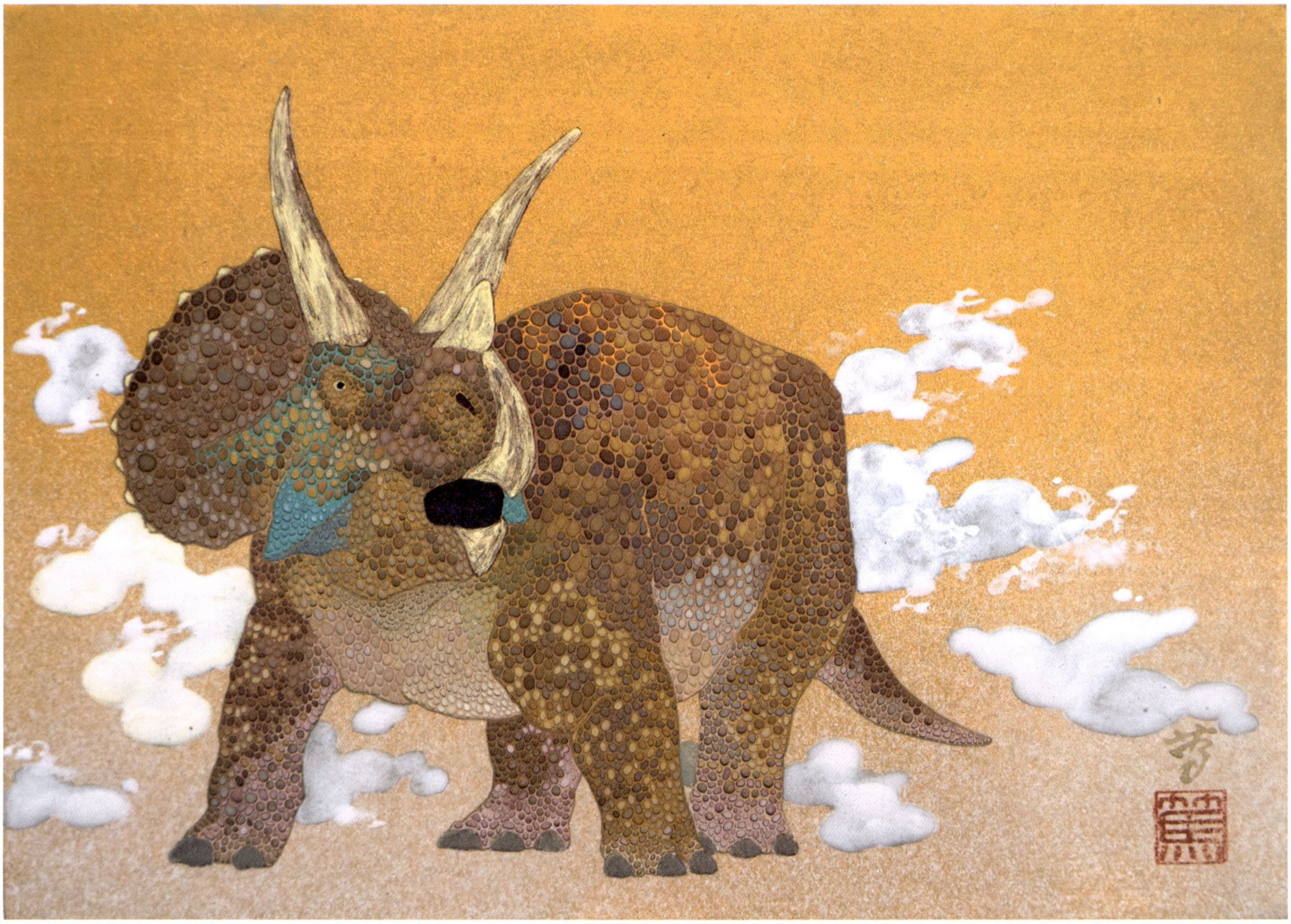

2025 年　19.0 × 27.3cm

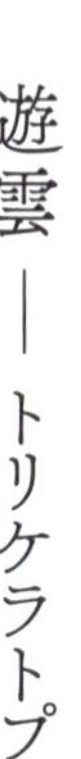

遊雲 ── トリケラトプス

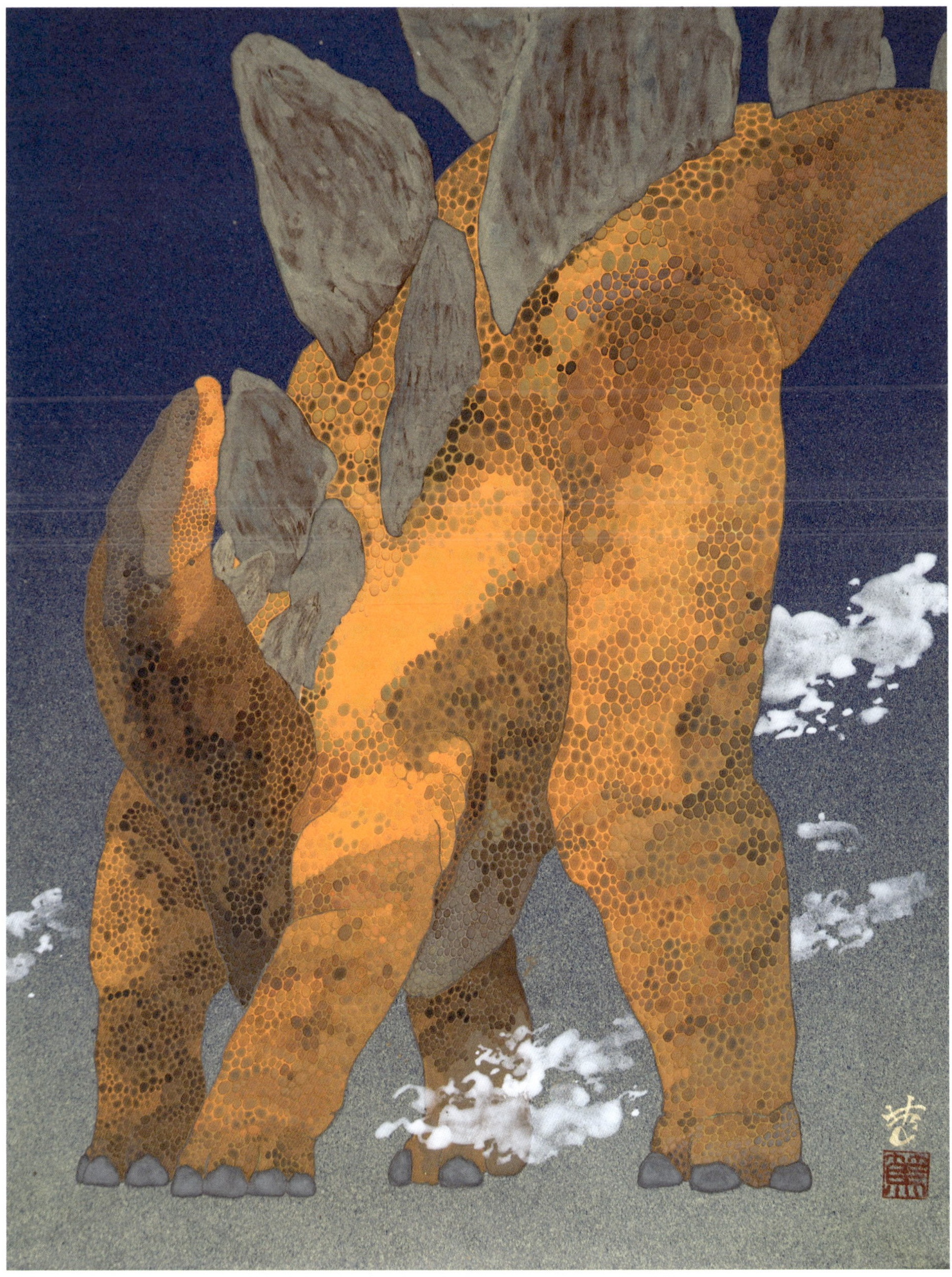

婆娑羅 — ステゴサウルス

2025年　41.0 × 31.8cm

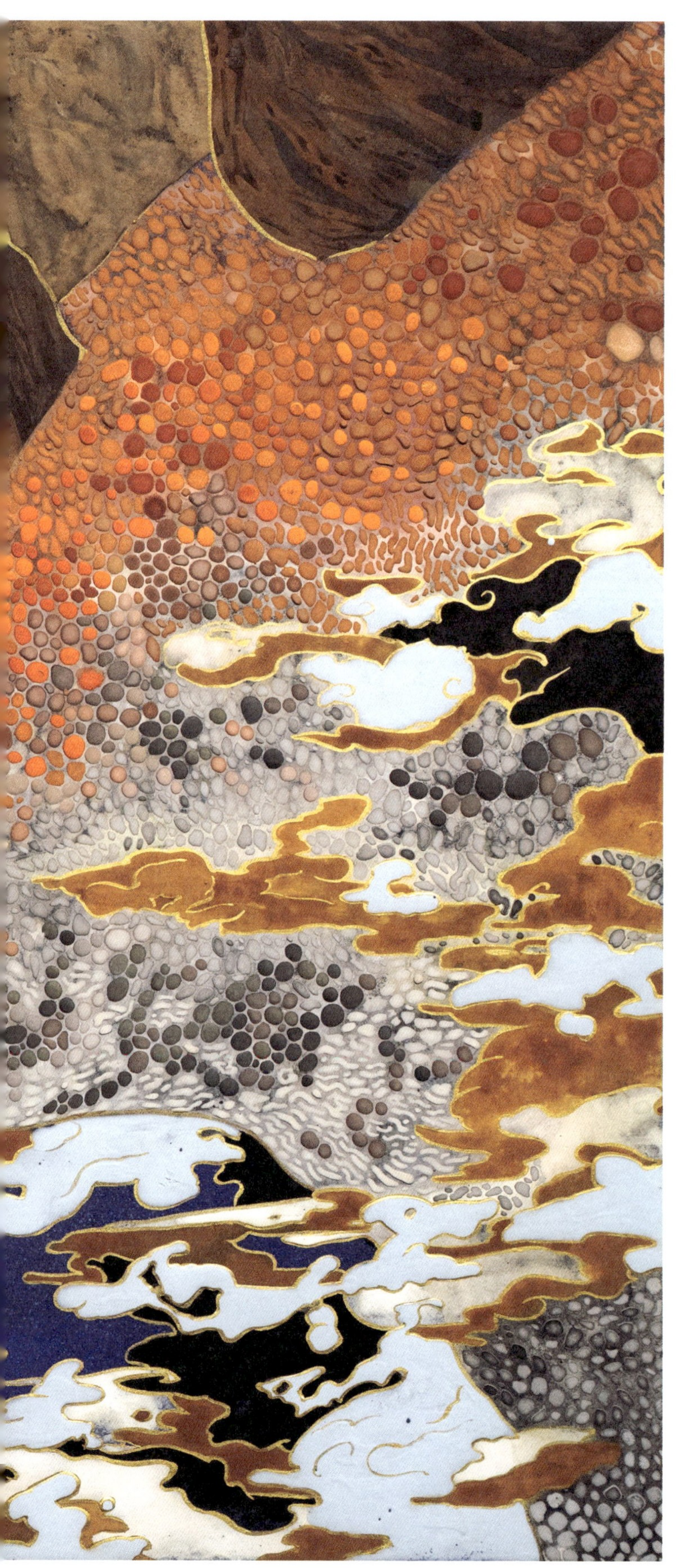

勇往邁進 — ステゴサウルス

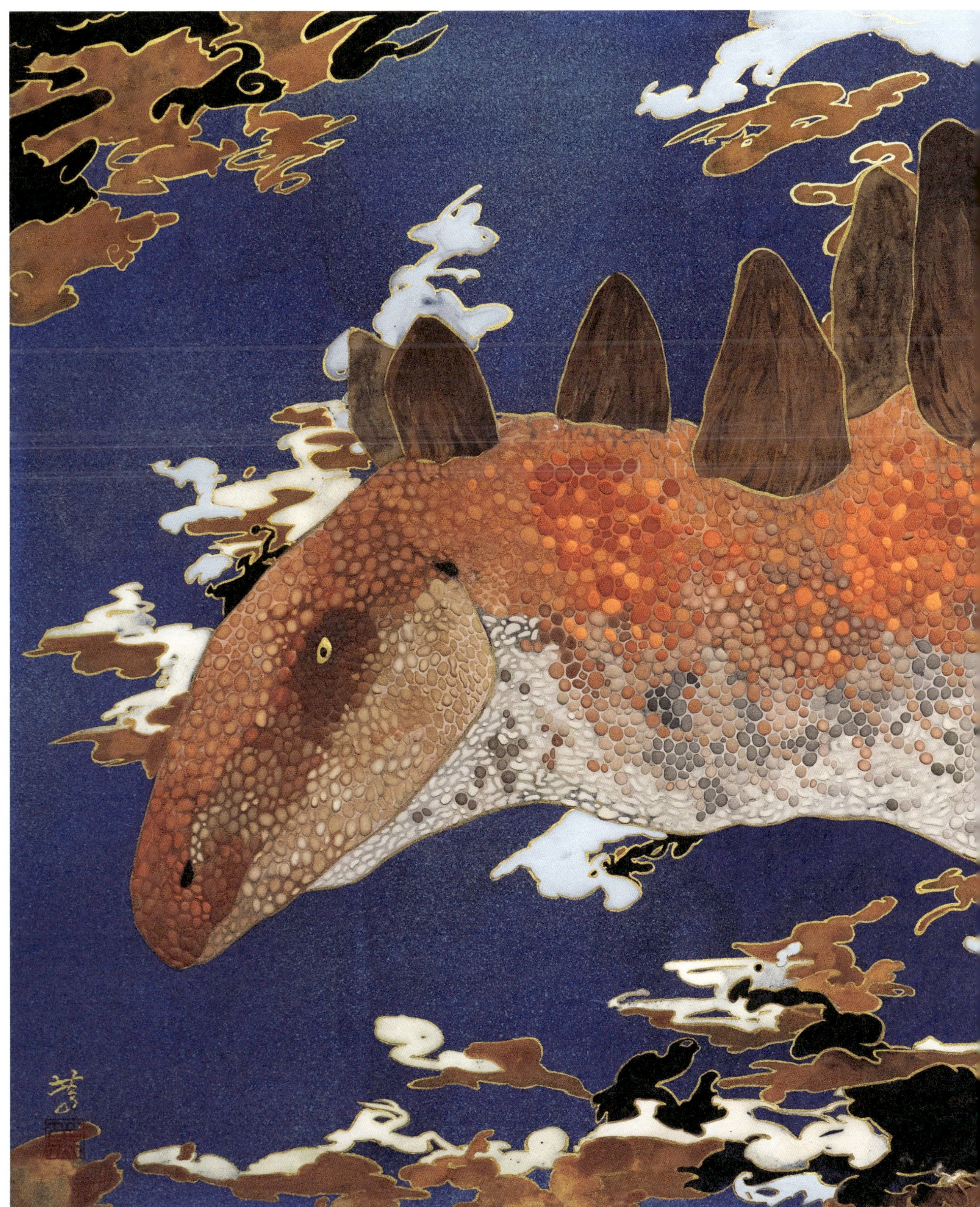

2023 年　45.5 × 60.6cm

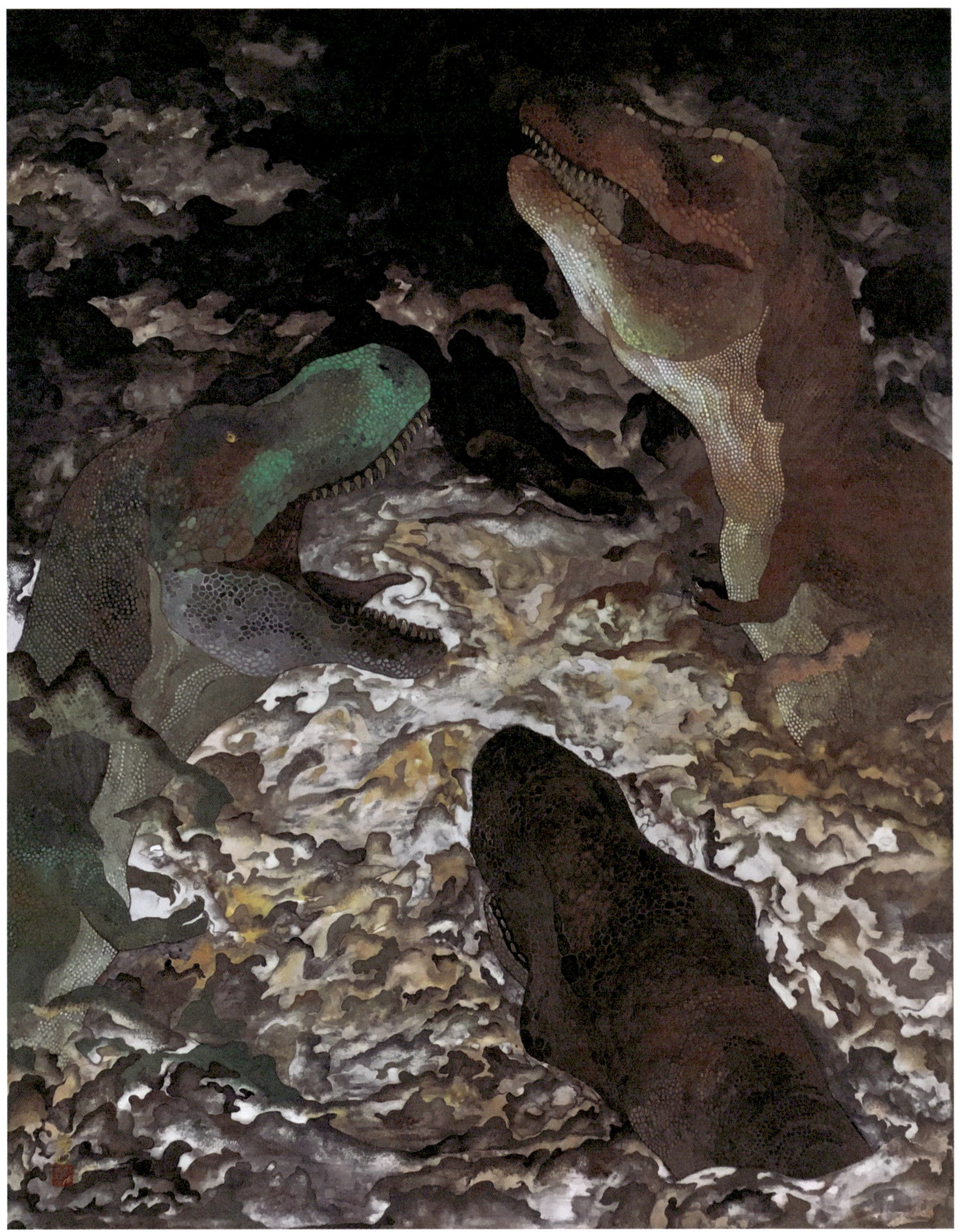

2021 年　91.0 × 72.7cm

ウロコのひとつひとつに集中し、丹念に描き連ねていきながら、
それらが生み出すリズムや、色彩のハーモニーに心を澄ませる。
幾重にもそれを積み重ねて、恐竜のフォルムと響き合った時、
味わったことのない新しい感動が画面に満ちているか――
何よりもそれを大切にしています。

恐竜は本当に多種多様で、それぞれのフォルムも個性豊かです。
だからこそ、常に新しい感動の予感に満ちています。
「恐竜日本画」の醍醐味はそこにあると思っています。

不撓―ティラノサウルス

縁起 — ティラノサウルス

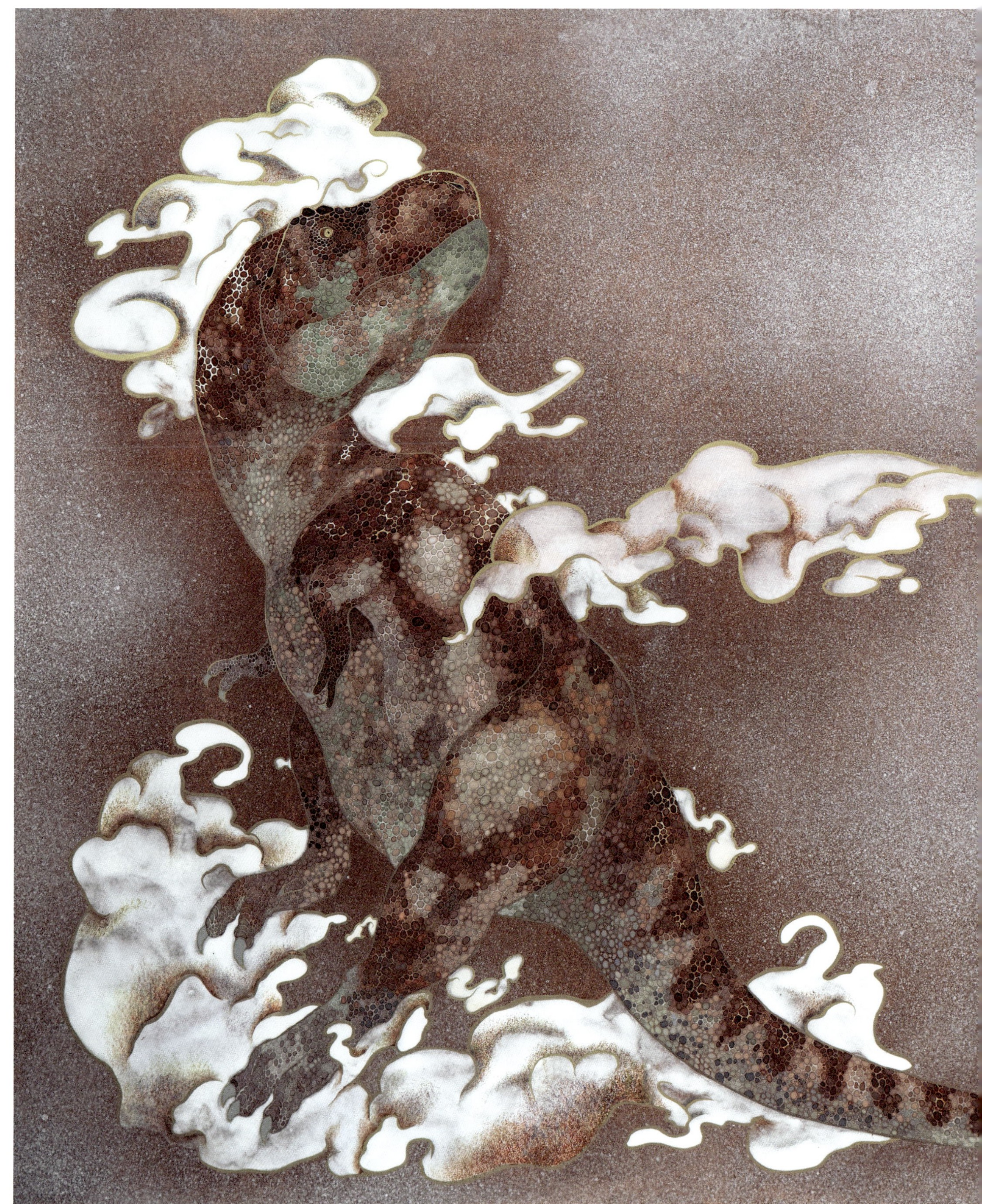

2022年　72.7 × 91.0cm

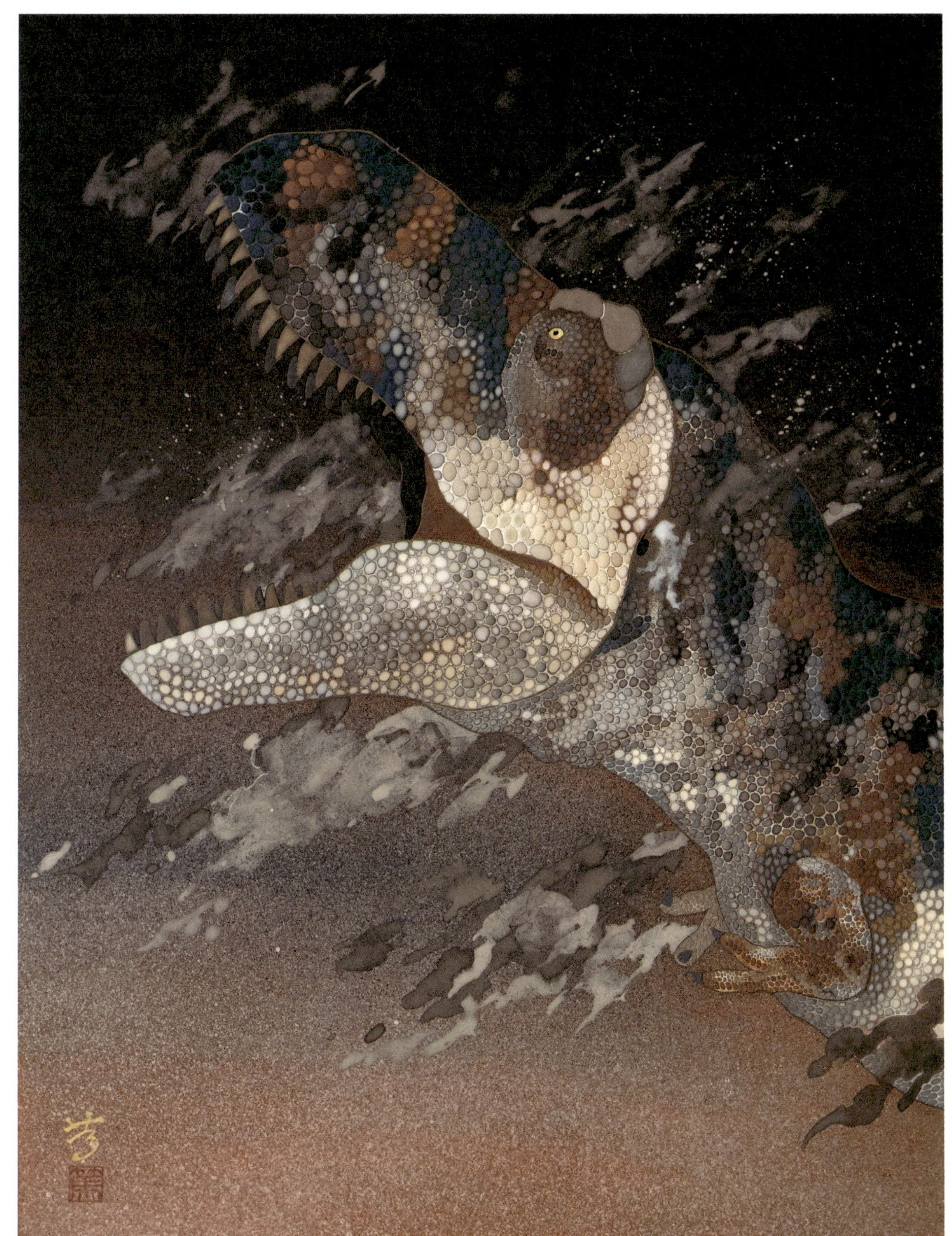

暮相 ― ティラノサウルス

2024年　41.0 × 27.3cm

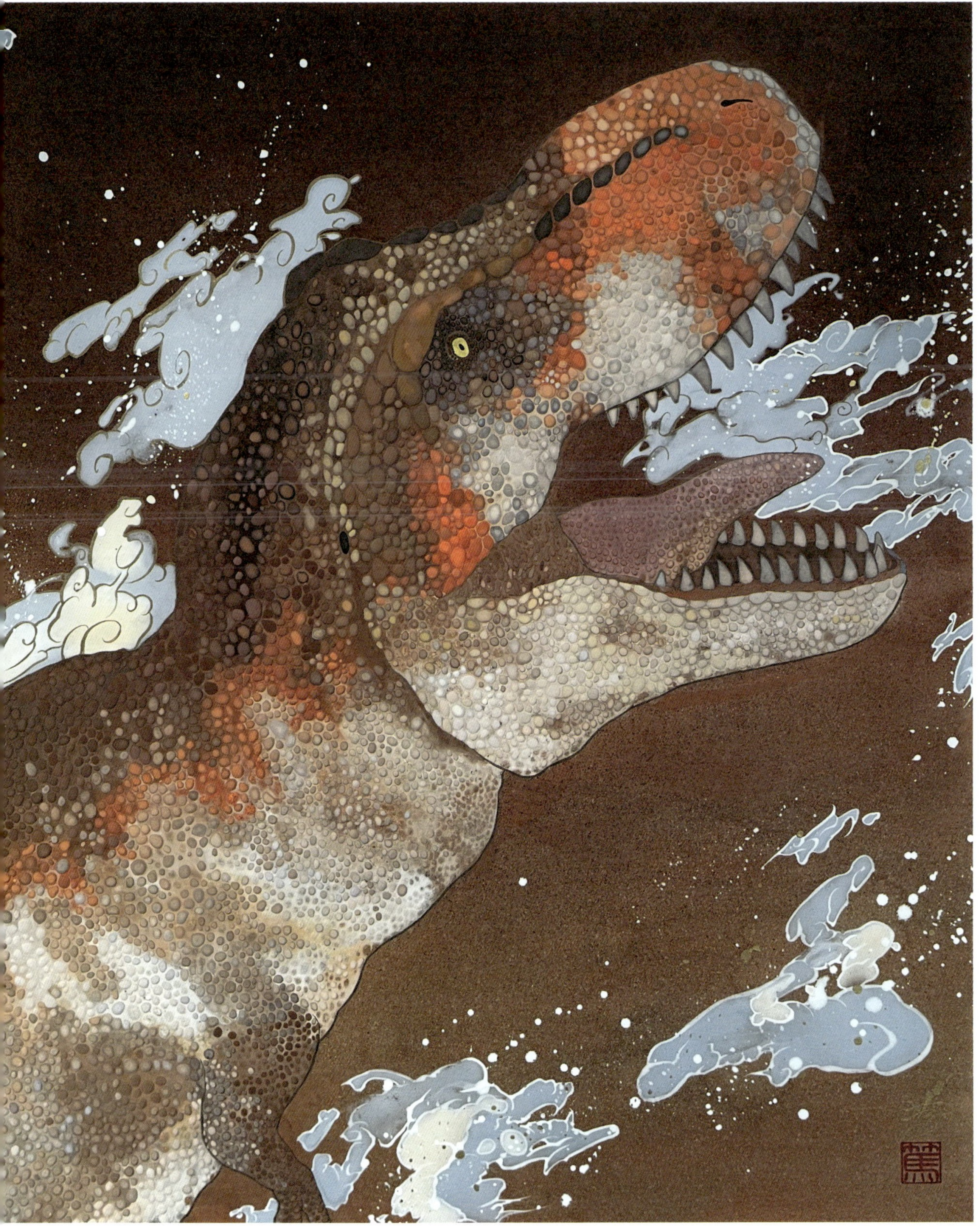

暁――ティラノサウルス

2024 年　45.5 × 38.2cm

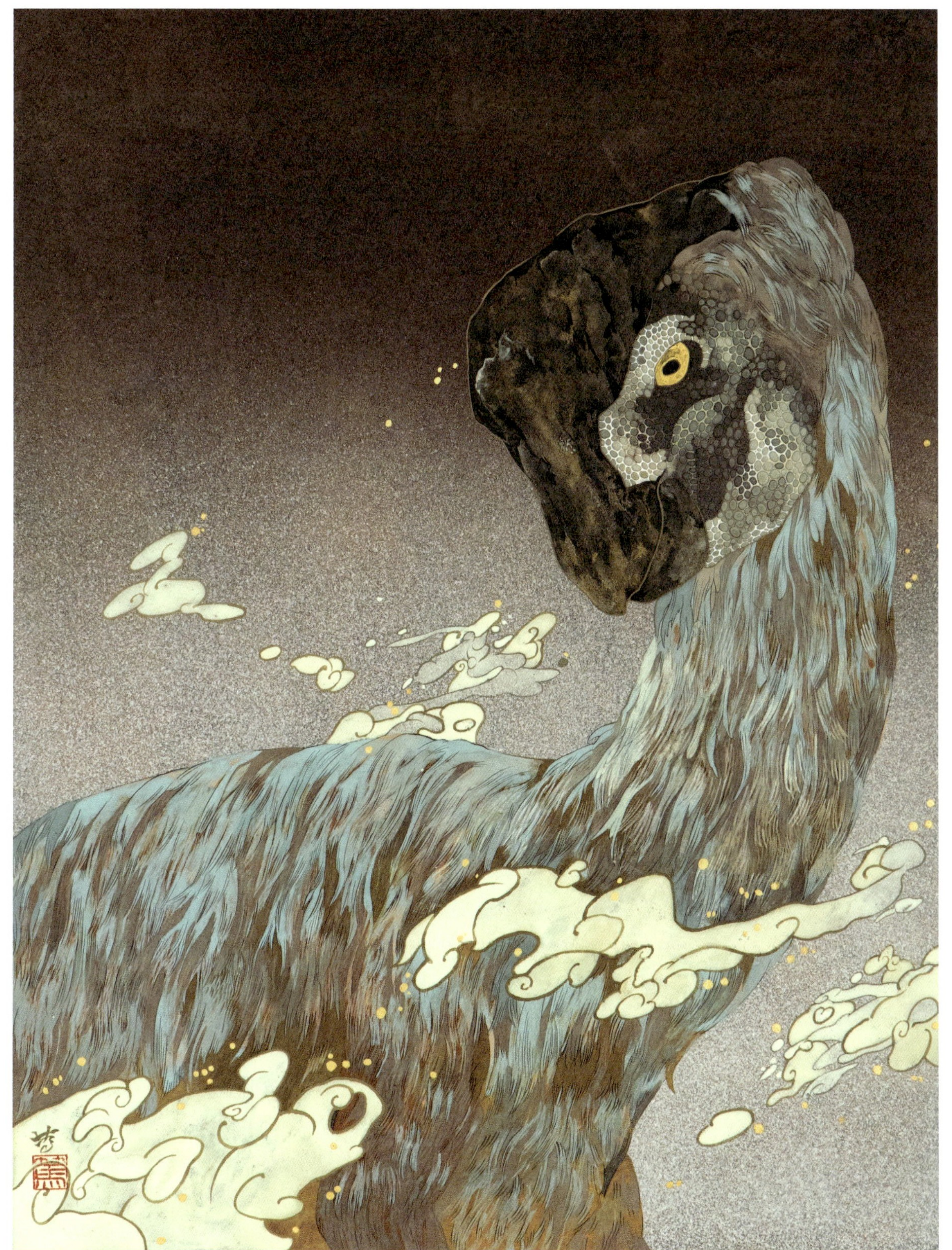

うつろい ― オヴィラプトル

2024年　53.0 × 41.0cm

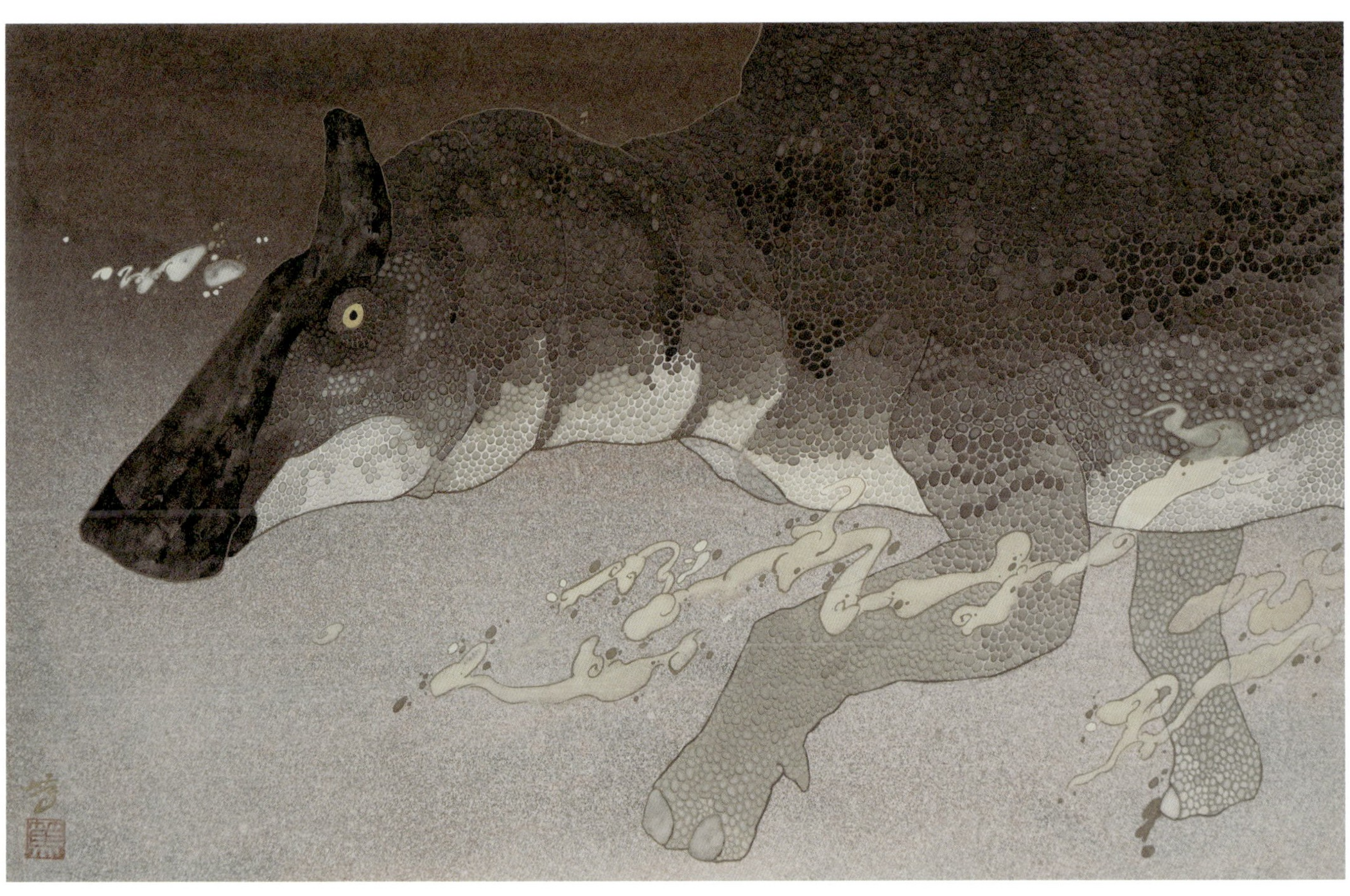

2024年　33.3 × 53.0cm

曙光――サウロロフス

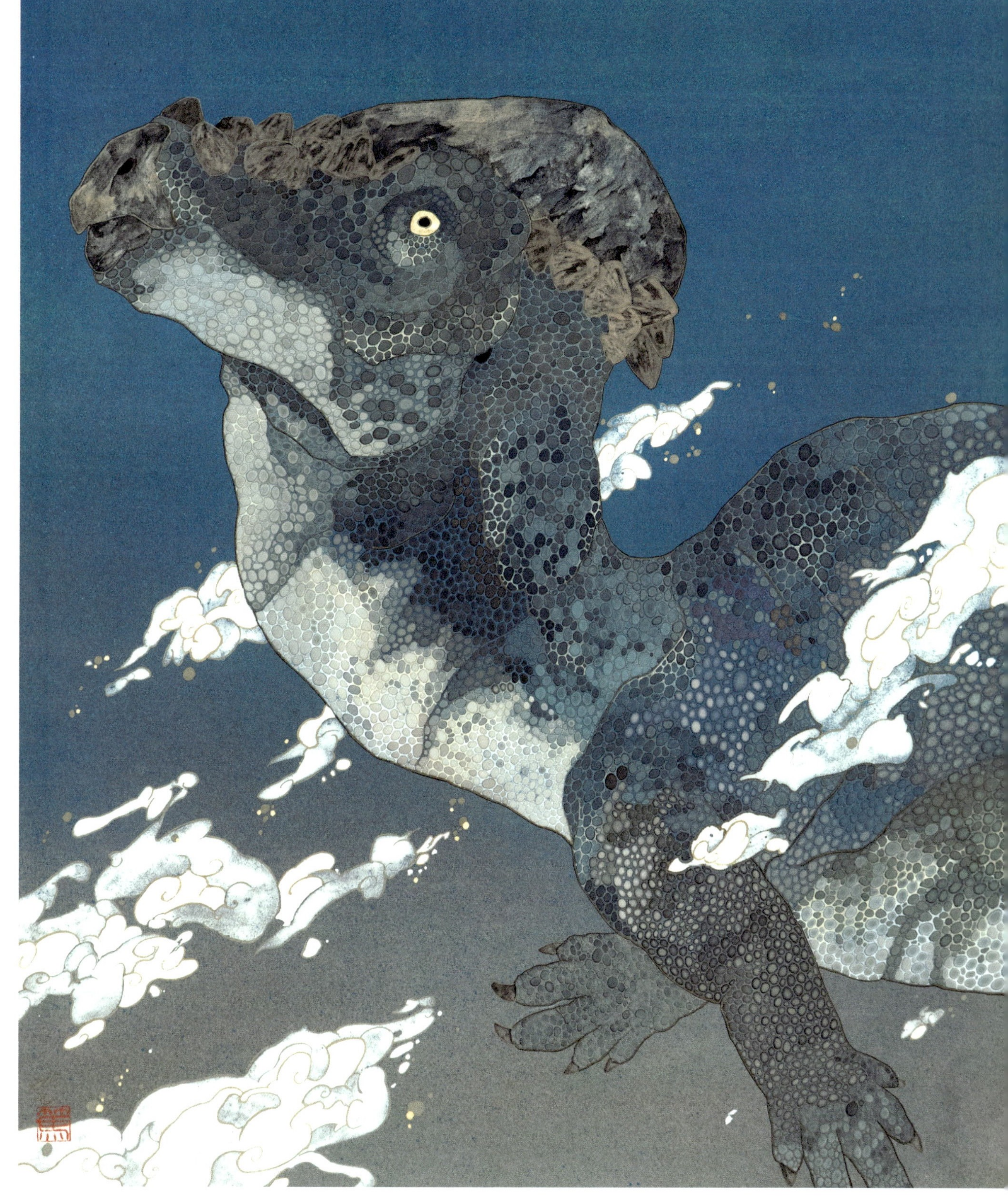

長夜 ― パキケファロサウルス

2024年　53.0 × 45.5cm

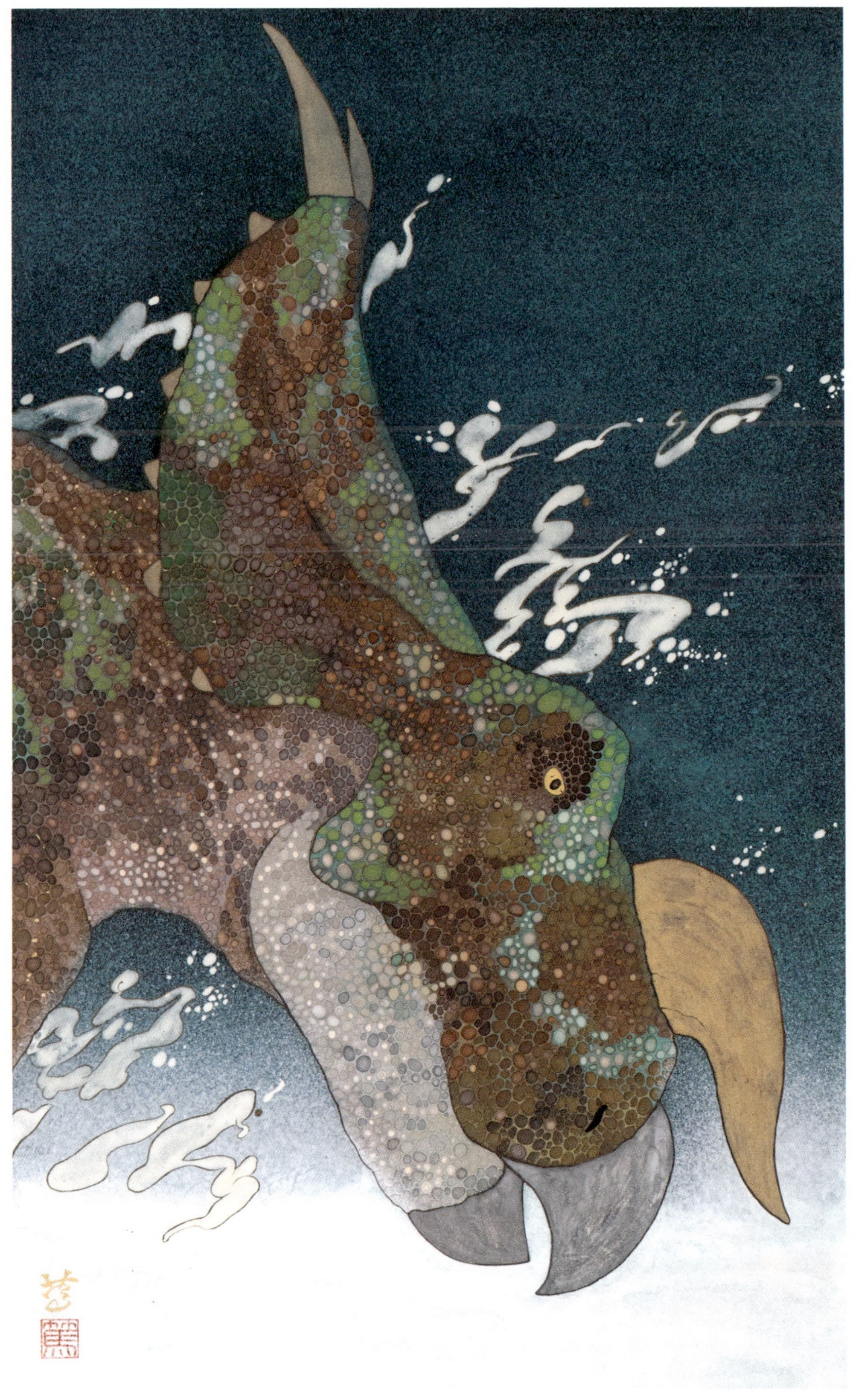

白昼——エイニオサウルス

2024年　53.0 × 33.3cm

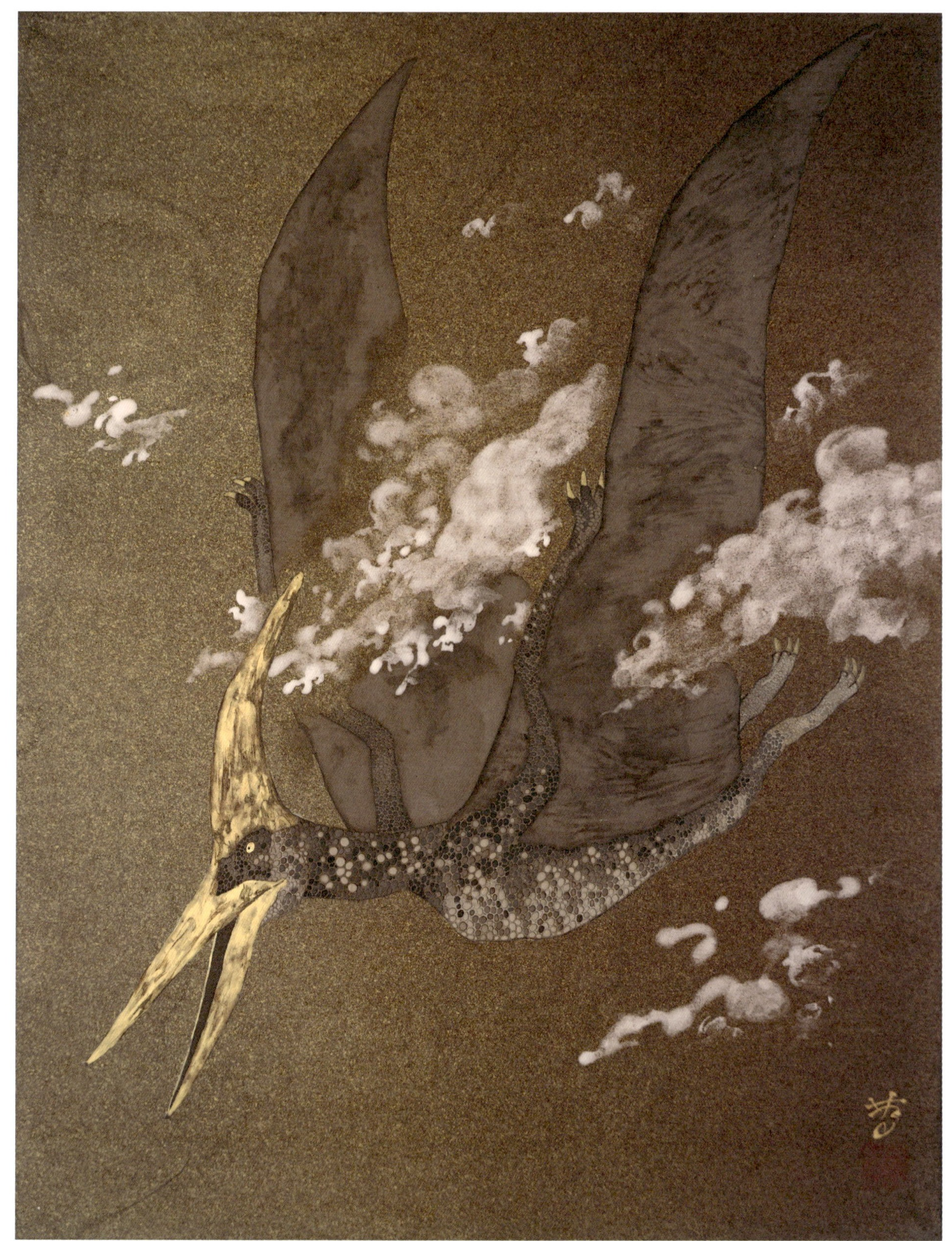

暁天 — プテラノドン

2025年　41.0 × 31.8cm

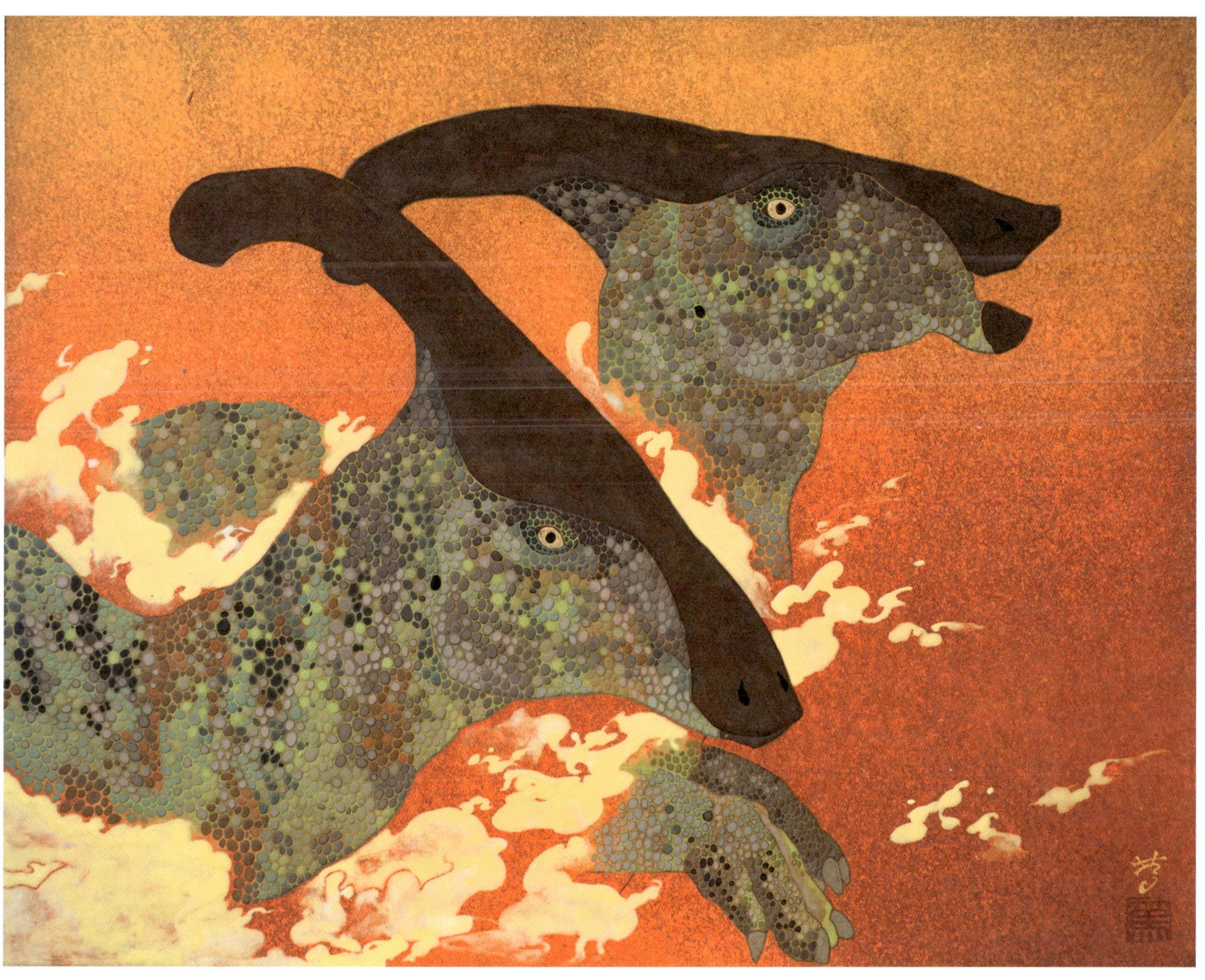

2025年　31.8 × 41.0cm

響 —— パラサウロロフス

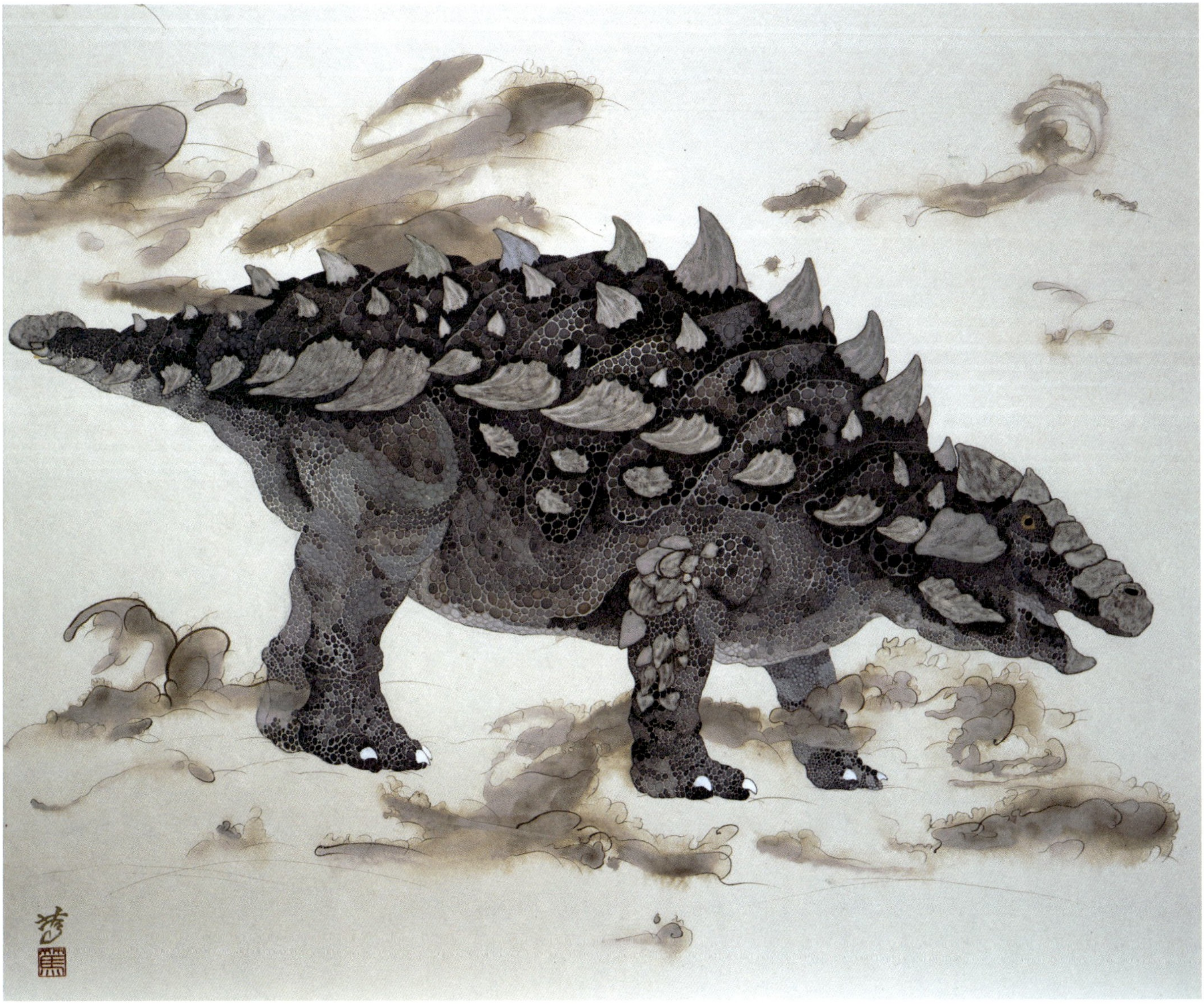

2023 年　50.0 × 65.2cm

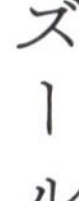

ズール

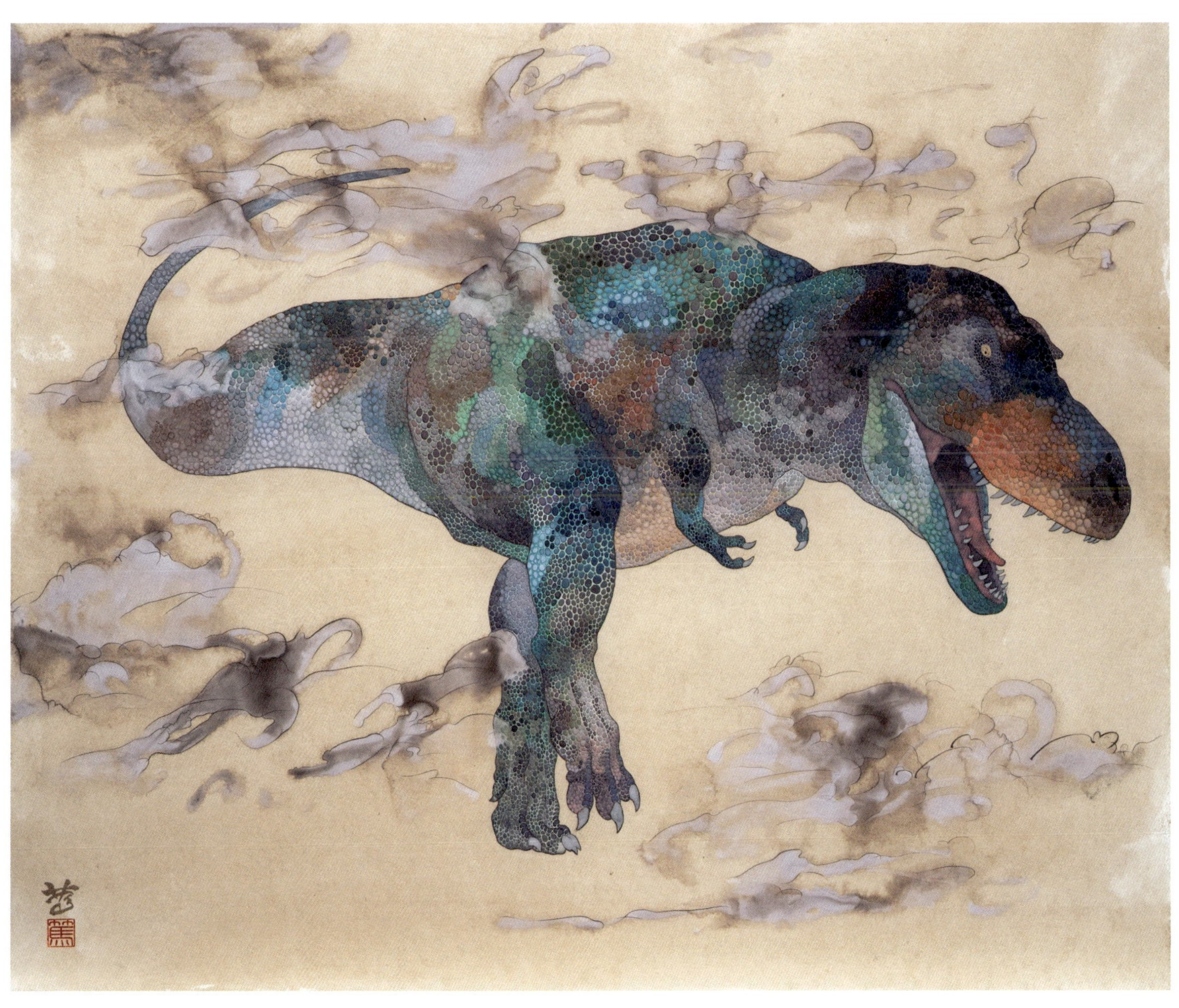

2023年　50.0 × 65.2cm

ゴルゴサウルス

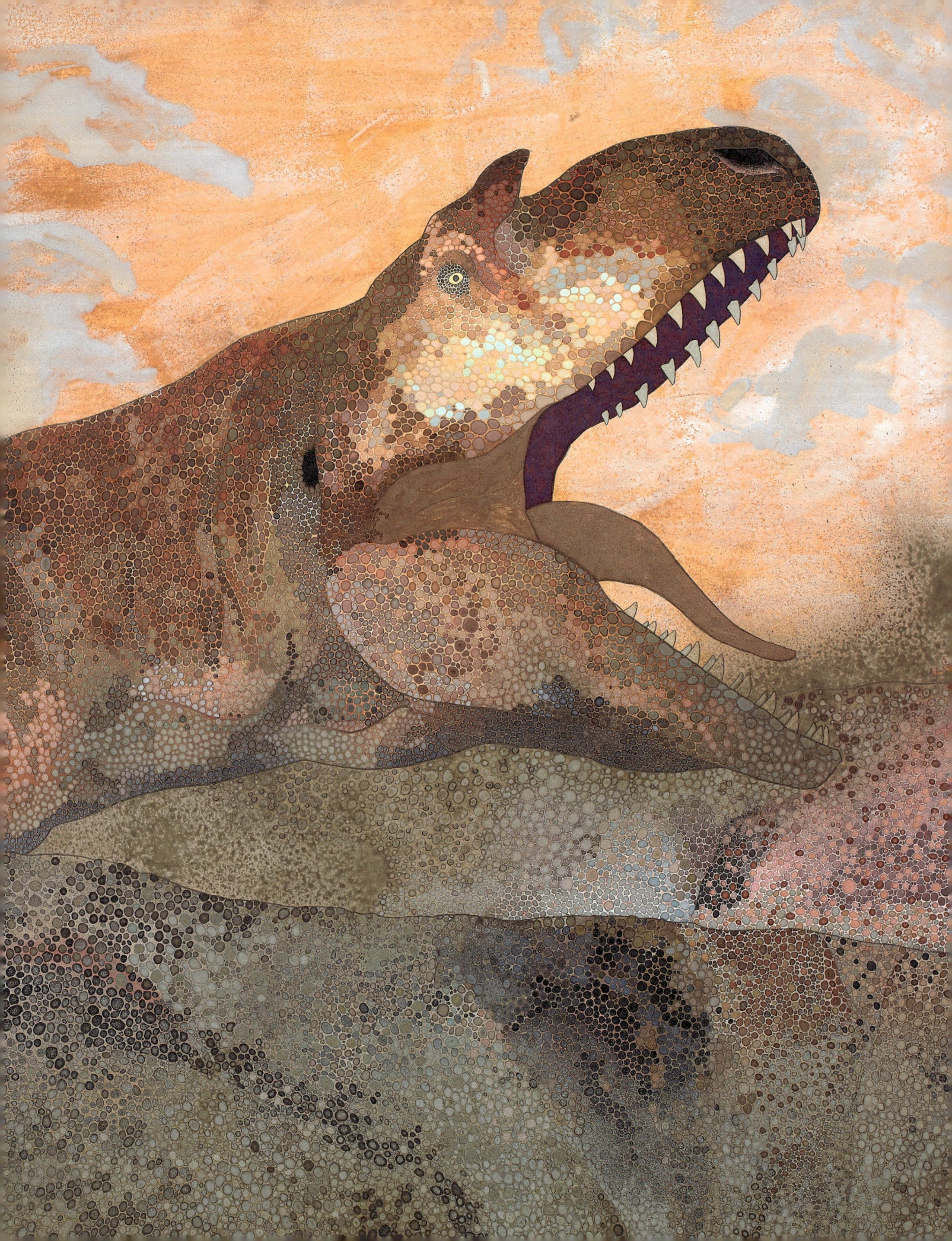

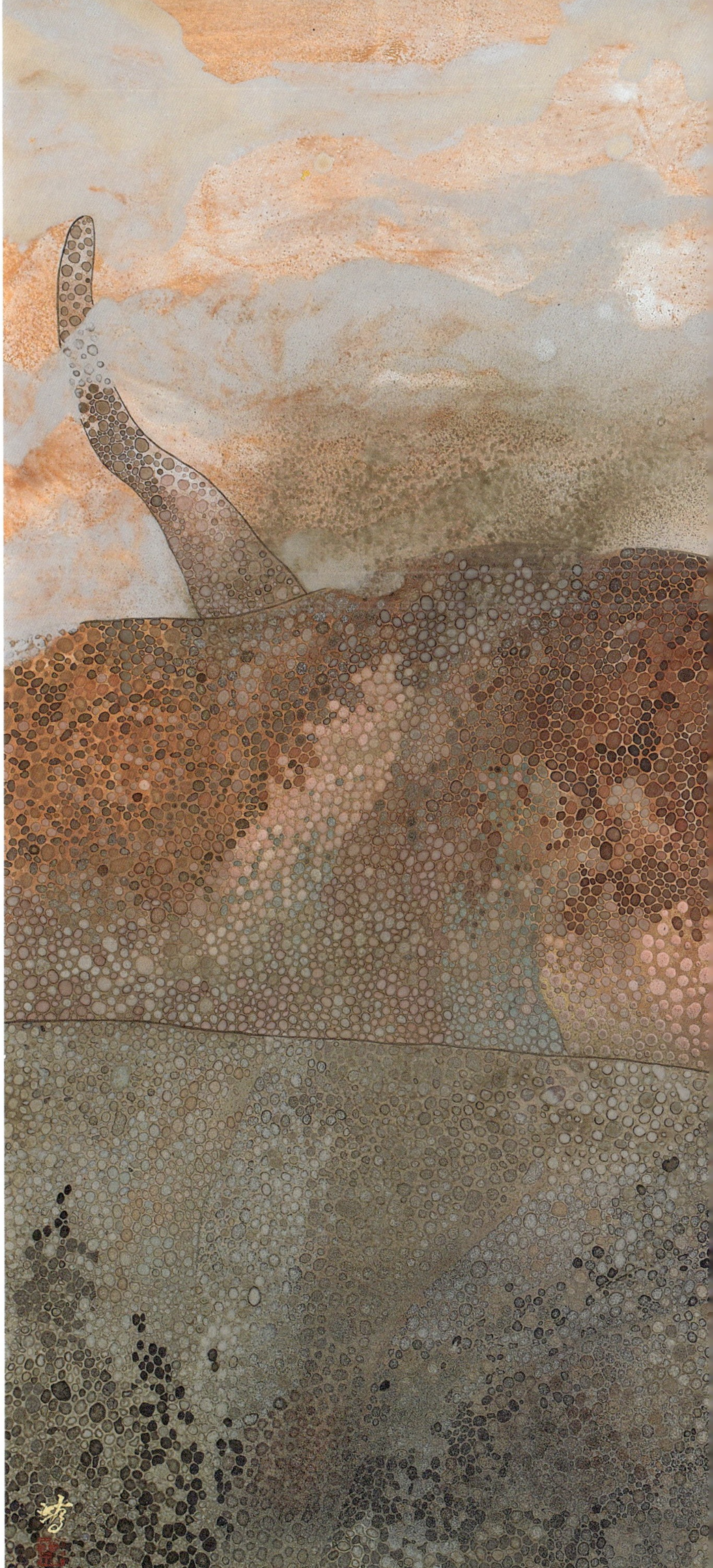

あいあい——ゴルゴサウルス

2024年　80.3 × 116.7cm

水島篤の恐竜画 ― リアリティと神秘のあわい

岡本弘毅

近年、日本画の世界で恐竜を描くブームが起こっているらしい。２０１９年に東京のアートギャラリー道玄坂で「日本画恐竜展」という展覧会が開催されて以来、それまでの伝統的な日本画の画題とは異なる恐竜というテーマに挑戦する若い日本画家が増えつつある。この流行を牽引し、一頭地を抜く活躍を続ける画家が水島篤である。

ご存じのように恐竜は、遥か大昔、中生代の地球上に繁栄していた爬虫類の一大グループである。国内外の自然史系博物館の主要コンテンツとして化石標本や再現モデルが展示され、人々の畏怖と感嘆の対象となっているほか、漫画や玩具といった日常的エンターテイメントのキャラクターとして、子供から大人まで多くの人々を魅了している。

美術の領域でも、恐竜をモチーフとする作品をこれまでちらほら見ることができたが、恐竜の生物としてのリアルさを追求するものは意外と少なく、今はもう絶滅して存在しない生き物に対するロマンや巨大さや力強さへの憧憬を核とする象徴表現として恐竜を登場させることが多い。例えば、我が国の戦後美術では、福沢一郎やタイガー立石が儚く滅びゆく運命や強大な覇権国の力の隠喩として恐竜のイメージを利用している。

それらに対し、水島篤の恐竜画は、何らかの理念のメタファーとして恐竜を利用するのではなく、あくまでも失われた生物たちの造形の美しさや面白さを表現の核に据えているように見える。つまり、恐竜というモチーフに真正面から対峙した絵画なのである。

＊

さて、実在の生物として恐竜の姿をリアルに表現することを追求してきたのは、古生物学の領域で描かれた数々の復元画である。少し煩瑣になるが、古生物復元画の歴史を簡単に振り返ってみよう。

19世紀前半、イギリスで最初に〝発見〟された恐竜は、古生物学者ウィリアム・バックランドが記載したメガロサウルスとアマチュアの古生物研究者で医師のギデオン・マンテルが発見・命名したイグアノドンである。このうち、イグアノドンについては、ジョージ・シャーフとジョン・マーティンが生きていた頃の姿を想像的に描いた水彩画を残している。前者は、マンテルが自著の口絵の原画として制作を依頼したものと推測され、後者は版画化されて『地質学の驚異』（１８３８年）という本の口絵に使われた。

これらの作品に登場するイグアノドンは、現在私たちが想起するこの恐竜の姿とは似ても似つかない。シャーフの画中のそれは、現生爬虫類のイグアナを途轍もないサイズに拡大したかのようであり、マーティンの描くそれは、ドラゴンや怪獣を彷彿とさせる姿でメガロサウルスや鰐と死闘を演じている。

その後イグアノドンは、Dinosauria 恐竜という言葉を生み出した古生物学者リチャード・オーウェンの監修の下、彫刻家兼画家のベンジャミン・ウォーターハウス・ホーキンズによって、19世紀半ば、ロンドン万博閉幕後に水晶宮に設置された古生物模型のひとつとして制作された。このずんぐりしたイグアノドンは、オーウェンの恐竜の定義に従って、胴体から真下に四肢を伸ばした巨大なサイのような姿で復元されている。

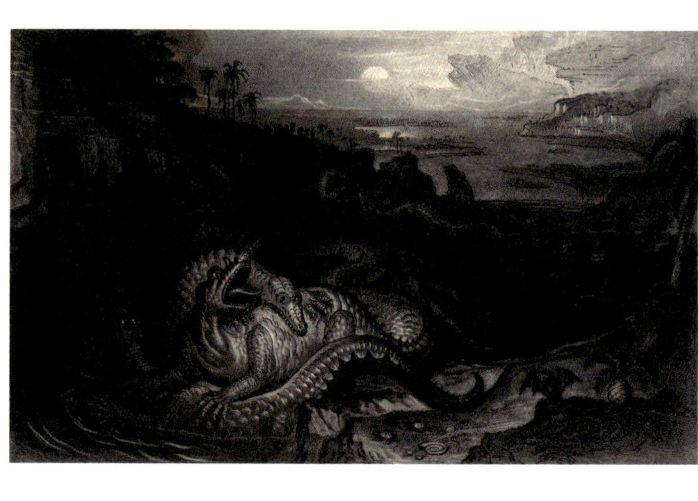

ジョン・マーティン 《イグアノドンの国》

（ギデオン・マンテル『地質学の驚異 Wonders of Geology』口絵）
1838年 メゾチント、紙

さらに、エドワード・ドリンカー・コープとオスニエル・チャールズ・マーシュの〝化石戦争〟などによって恐竜の発見が相次いだ19世紀末、アメリカの画家チャールズ・R・ナイトが古典的な恐竜像を確立する。20世紀半ばに恐竜画の巨匠として活躍したチェコのズデニェク・ブリアン、イギリスのニーヴ・パーカーらの恐竜像も、その延長線上にある。彼らが描くイグアノドンは、尻尾を地につけて上半身を直立させるスタイルで表現された。現在は否定されるポーズであるが、その威風堂々たる姿はゴジラの原型となったともいわれる。

そして20世紀後半、古生物学のさらなる発展―所謂恐竜ルネッサンスを受けて、より〝リアル〟な恐竜のイメージが描かれるようになった。ダグラス・ヘンダーソン、ウィリアム・スタウト、グレゴリー・ポール、小田隆などを筆頭に、現在数多くの古生物画家たちが競い合うように多種多様な恐竜たちの姿を活写している。特に小田隆は、画家としての技量の高さも相まって、恐竜の生活の様子を迫真的に描き出すことにかけては現代の最高峰といってよいだろう。

このように、恐竜画はその黎明期から今日に掛けて、古生物学の進展に歩を揃え、かつて存在した生物の実像に迫るリアリティをしだいに獲得していったのである。

水島が描く恐竜たちの姿も、最新の古生物学研究によって抽出されたイメージに多くを負っていることは間違いない。その意味では、恐竜画の最先端に位置する作家のひとりとみなすことができるだろう。

＊

だが、上述の古生物画家たちと決定的に異なる点がある。かつて地球上の特定の時代と地域に棲息していた生物の生態を再現することは、水島にとってさほど優先度の高い問題ではないように思われる。

ほとんどの作品では、画面内に1〜2頭の恐竜が大きく取り上げられており、頭部や上半身をクローズアップしたものも少なくない。そこでは、恐竜の姿が精緻で写実的に描かれているのに対し、それらがどのように生きて活動していたかを示す情報や周囲の環境を示す情報は、多くの場合、敢えて無視されている。例えば、上述の古生物画家たちの生態復元図で頻繁に描かれる肉食恐竜と草食恐竜の捕食シーン、食物連鎖の場面を水島が取り上げることはほぼない。

例えば、21世紀に新しく発見された同名の竜脚類恐竜を描いた《往来―バジャダサウルス》（2021年／55頁参照）を見てみよう。この絵では、この恐竜最大の特徴である長い首から生える多数の棘に焦点が当てられている。二頭のバジャダサウルスがすれ違う時、それぞれ前方に向けて弧を描くように伸びる棘が重なり合って生じる形の面白さや明暗の対比が大きな見どころである。だが一方で、この二頭の関係性、すなわち、つがいなのか親子なのか競争相手なのか行きずりの他者同士なのか等を類推させる要素はなく、飽くまで見る者の想像力に委ねられている。

また、《曙雲竜図》（2022年／110頁参照）では、一頭のティラノサウルスが下半身を画面の外にはみ出させながらこちらを振り返るダイナミックなポーズで描かれている。金で縁取られた黒雲をかき分ける巨躯は、

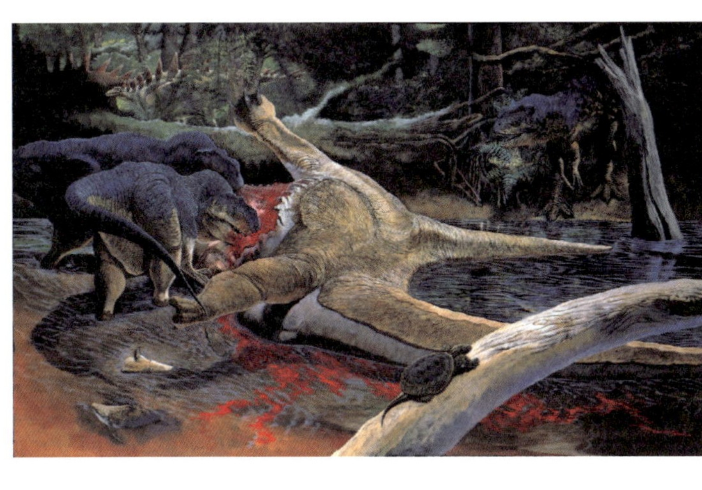

小田隆《饗宴》

2000～01年　アクリル、紙　群馬県立自然史博物館蔵

タイトルが示すとおり、架空の瑞獣である龍を描いた伝統的な雲竜図に擬せられている。水島の恐竜画では、こうした恐竜と雲の組み合わせが他の作品にも頻繁に認められる。雲の描き方はくっきりとした輪郭線で様式的に描かれたものや、たらしこみの技法で柔らかく表現されたものなど様々だが、いずれも恐竜の途方もない巨大さや神秘性を表現するのに大きく貢献している。

一方、ティラノサウルスそのものの細部に目を移すと、大きく口を開けた口の中に並ぶ鋭い牙、体表をびっしりと覆う様々な色と形の鱗の迫真的描写が印象的である。この大小の鱗などの細密描写は、トカゲなど実在の爬虫類のそれを参考にしたらしいが、よく見れば生物的なリアリティの表現にとどまらず、非常に洗練された絵画的装飾として機能していることがわかるだろう。このような写実性と装飾性を兼ね備えた鱗の表現は、例えば《あいあい―ゴルゴサウルス》（2023年／50頁参照）のような近年の大画面作品では、石畳にびっしりと敷き詰められた玉石やモザイクタイルのような物質的実在性まで獲得している。

さらに、《往来―バジャダサウルス》と《曙雲竜図》では、背景の大部分が日本画の伝統技法である金箔押しで埋められることにより、恐竜たちが存在する空間や時間の特定性が曖昧にされている。一見極めてリアルに描かれた恐竜たちは、いわば平面的に抽象化された空間の中に置かれ、具体的瞬間を超越した永遠性の中に封じ込められているのだ。

＊

つまるところ、水島篤は、恐竜の個別の生態を描くことよりも、恐竜の生命力そのものを画面に定着させることに意を注ぎ、古生物研究の成果を利用しながら、それらを超える普遍的なアートとして恐竜画を捉える画家なのである。彼の作品の独自性は、ただ単に恐竜という日本画として珍奇なテーマを画題としていることにあるわけではない。今はもう見ることが叶わない恐竜たちをリアリティと神秘のあわいに実体として蘇らせることにこそ、その本領があるといえるだろう。

おかもと・こうき

1967年生まれ。大阪大学大学院文学研究科前期課程修了。兵庫県立美術館学芸員を経て、2023年4月より神戸芸術工科大学教授。主な研究テーマは近代ロマン主義美術。学芸員時代の主な企画として、「山本六三展―幻想とエロス」（2009年）、「水木しげる・妖怪図鑑」（2010年）、「怖い絵展」（2017年）、「恐竜図鑑―失われた世界の想像／創造」（2023年）など。

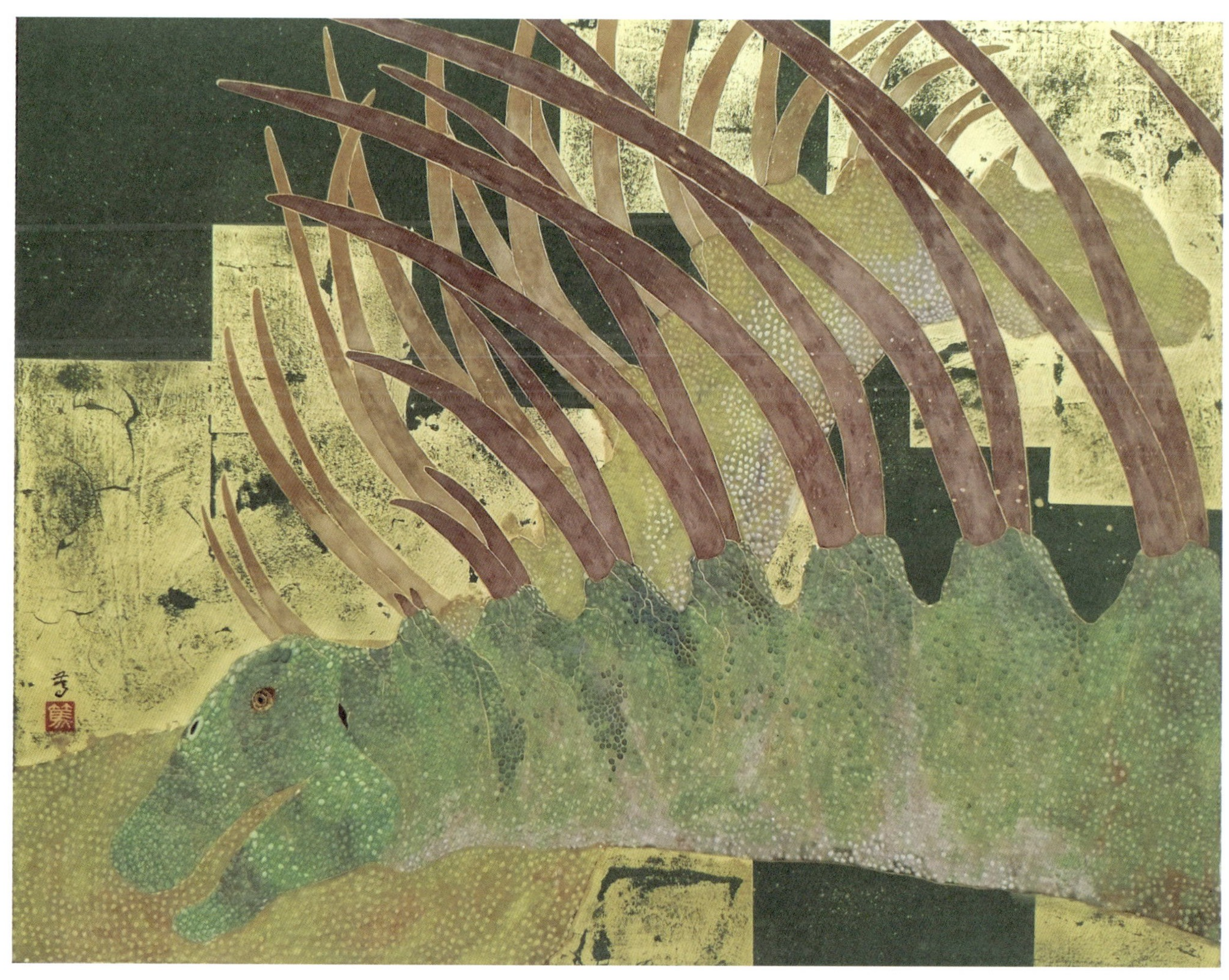

2021年　50.0 × 65.2cm

往来──バジャダサウルス

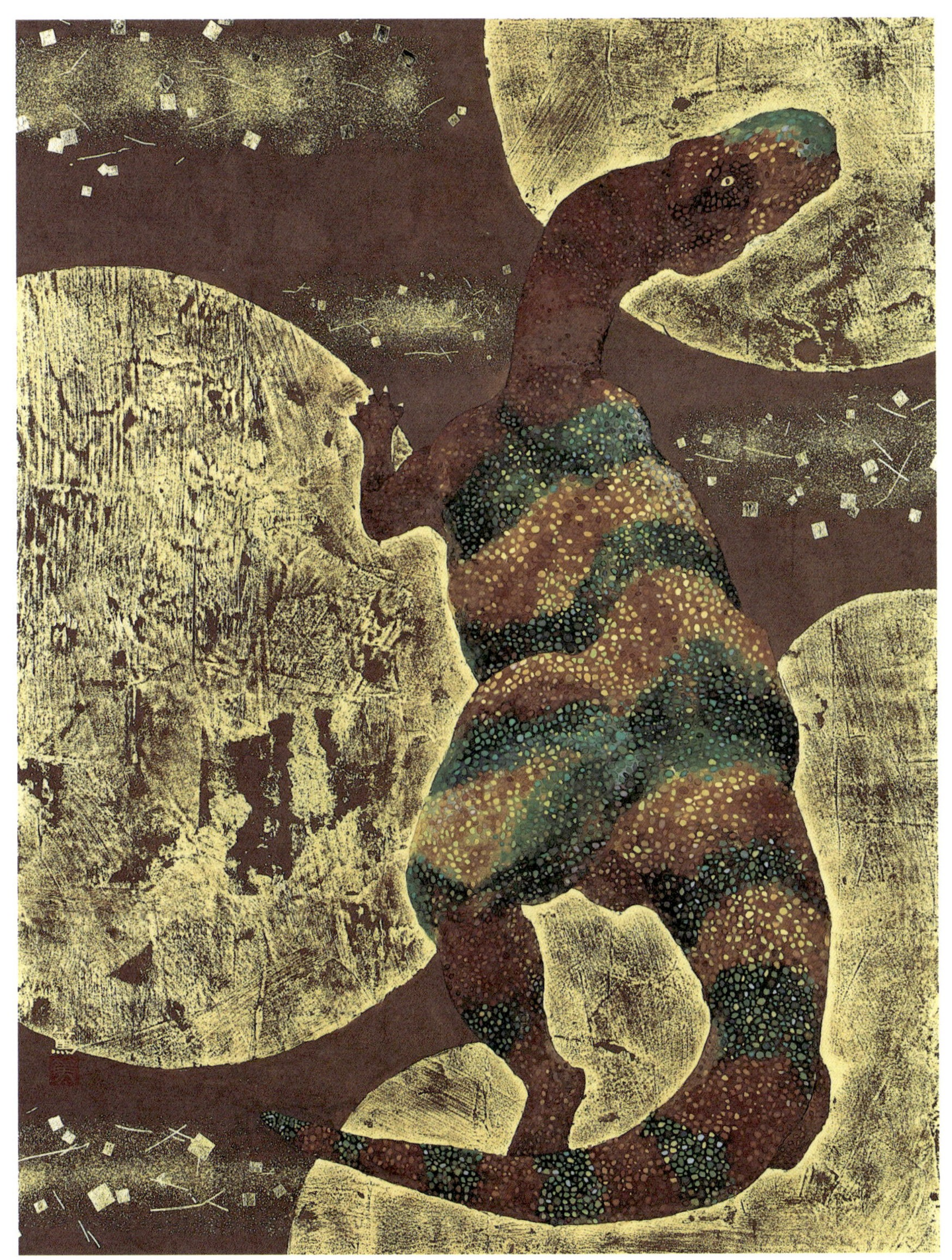

自適 — フクイサウルス

2021年　65.2 × 50.0cm

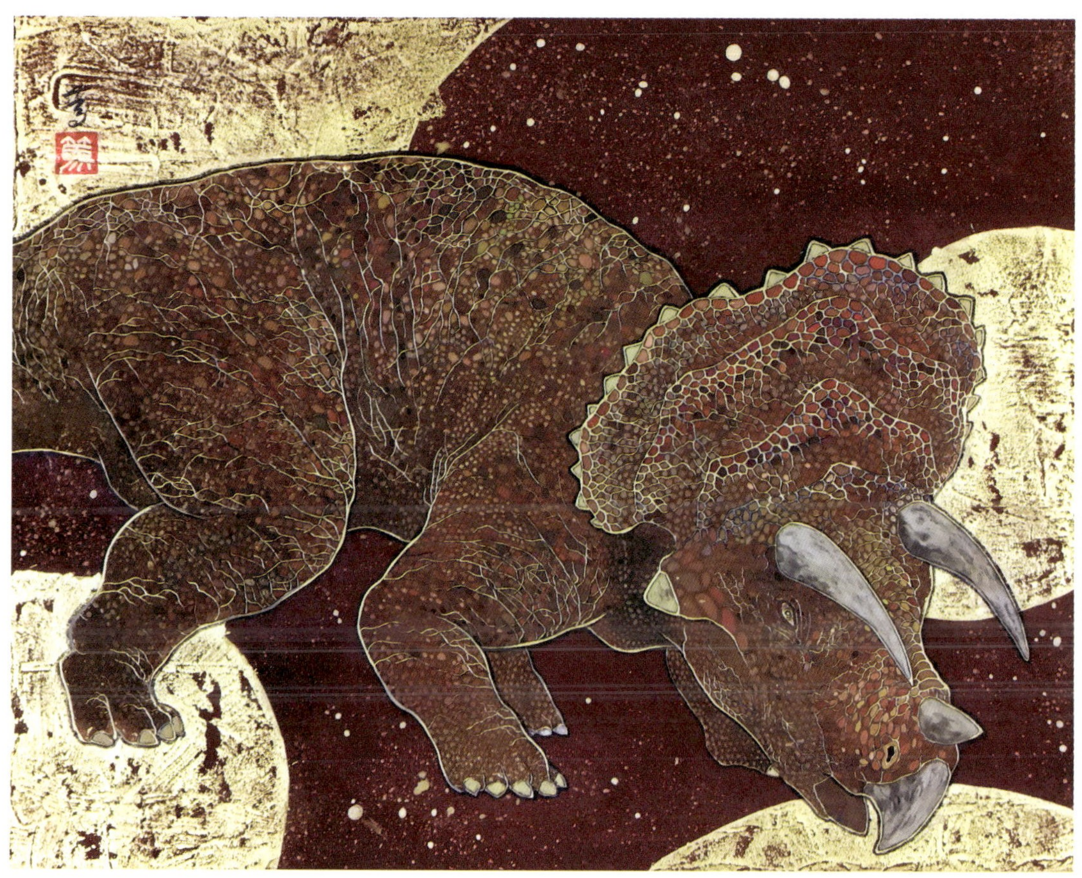

意気 ― トリケラトプス

2021 年　31.8 × 41.0cm

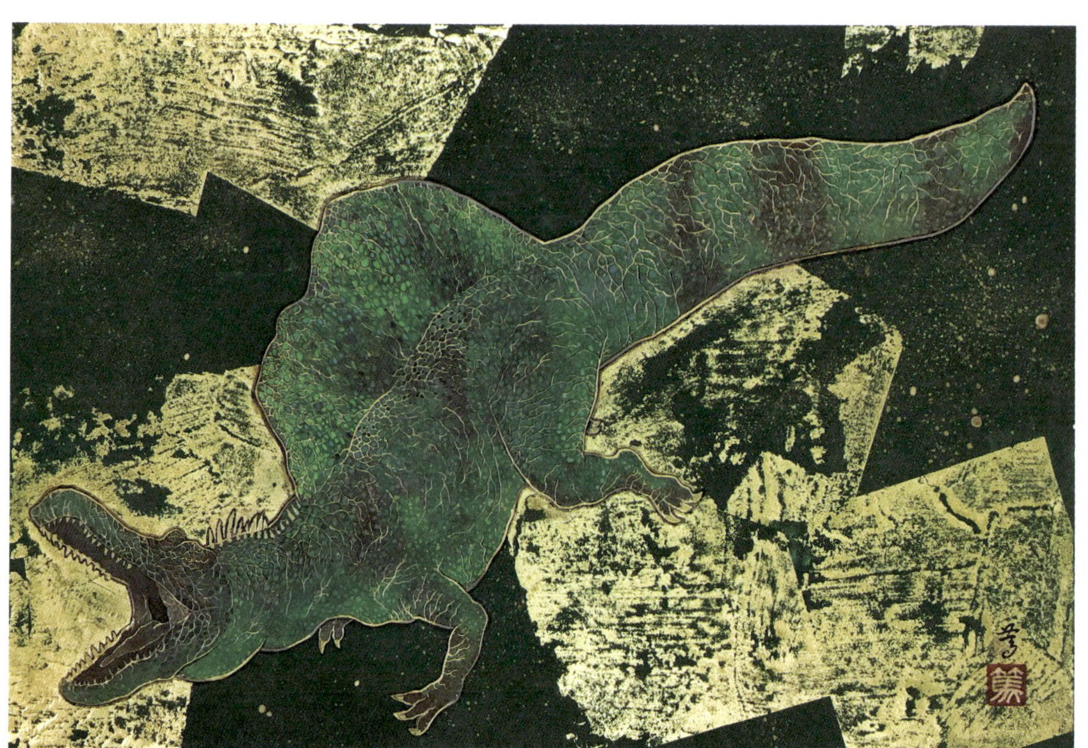

短夜 ― スピノサウルス

2021 年　27.3 × 41.0cm

悠然 — スティラコサウルス

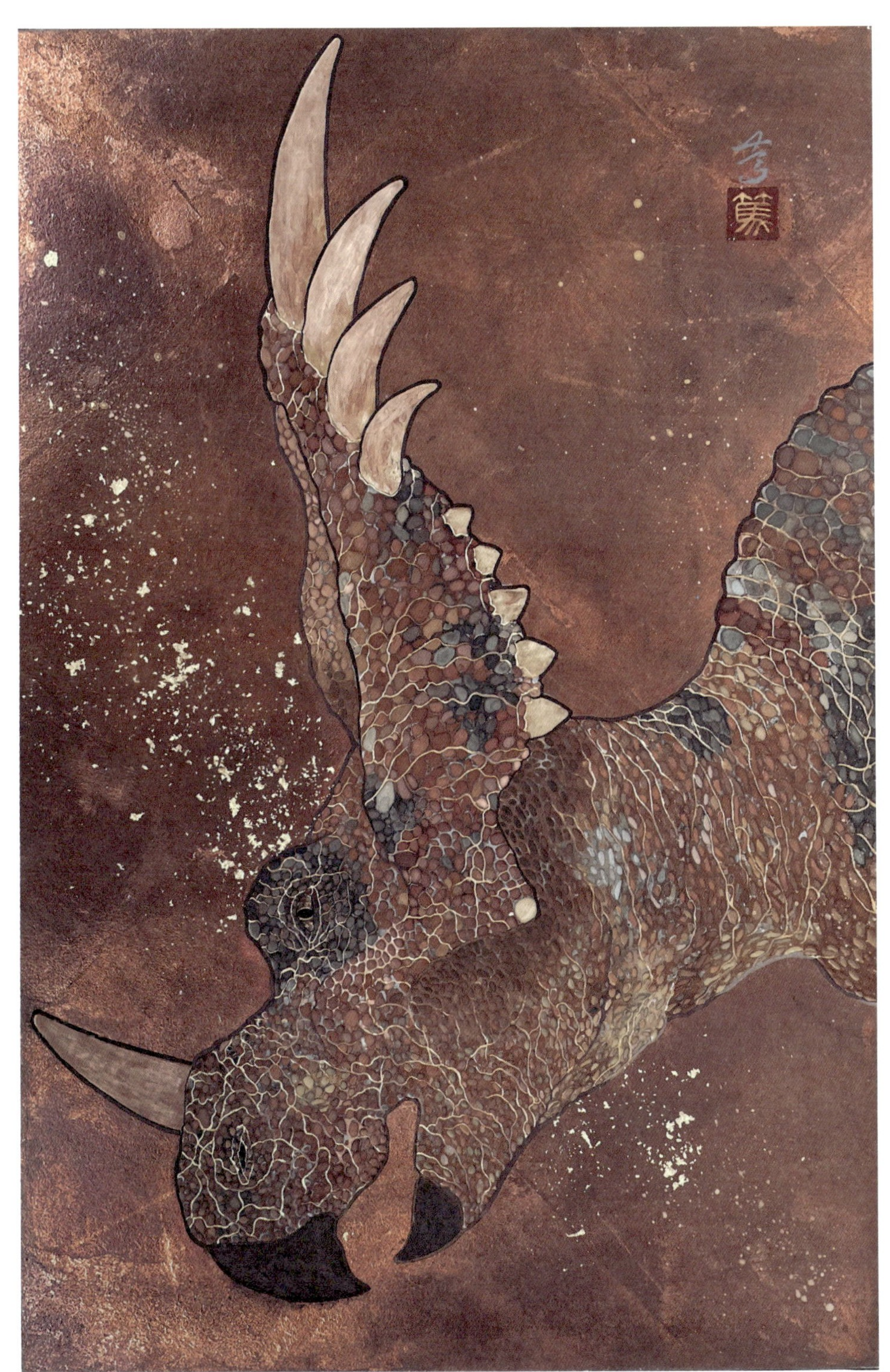

2022 年　41.0 × 27.3cm

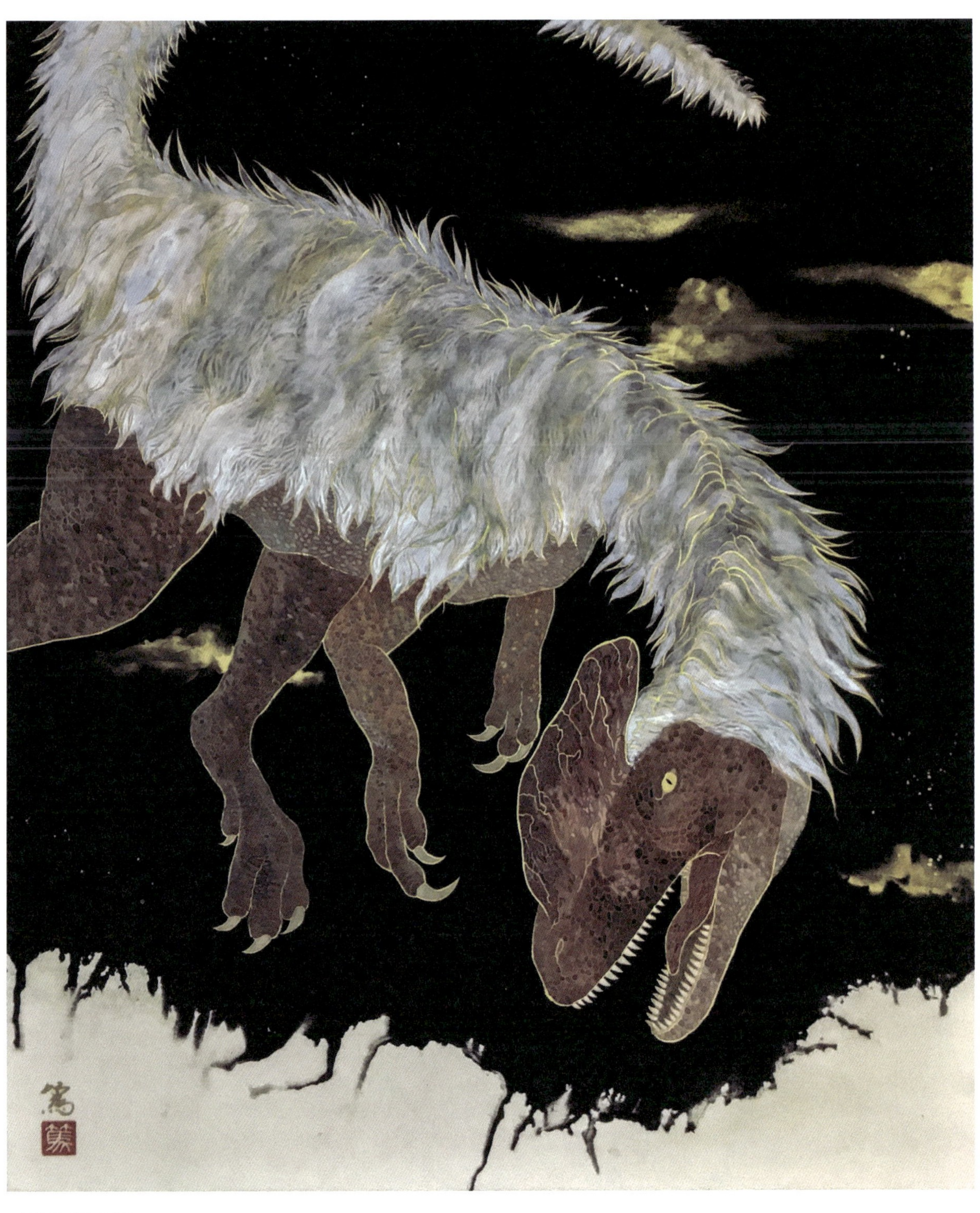

黒白 ― グアンロン

2021年　53.0 × 45.5cm

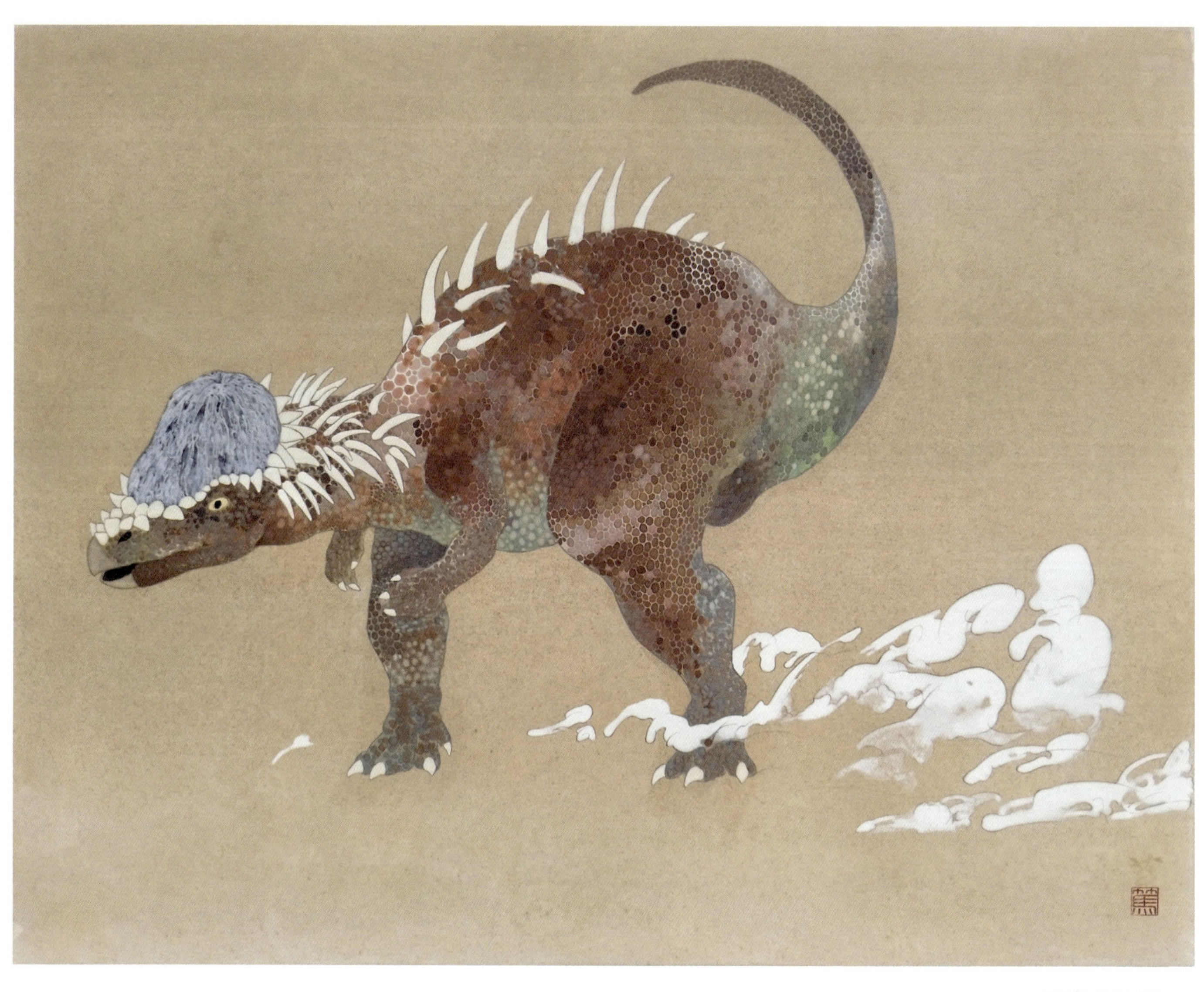

2023 年　50.0 × 65.2cm

藹々 ―― パキケファロサウルス

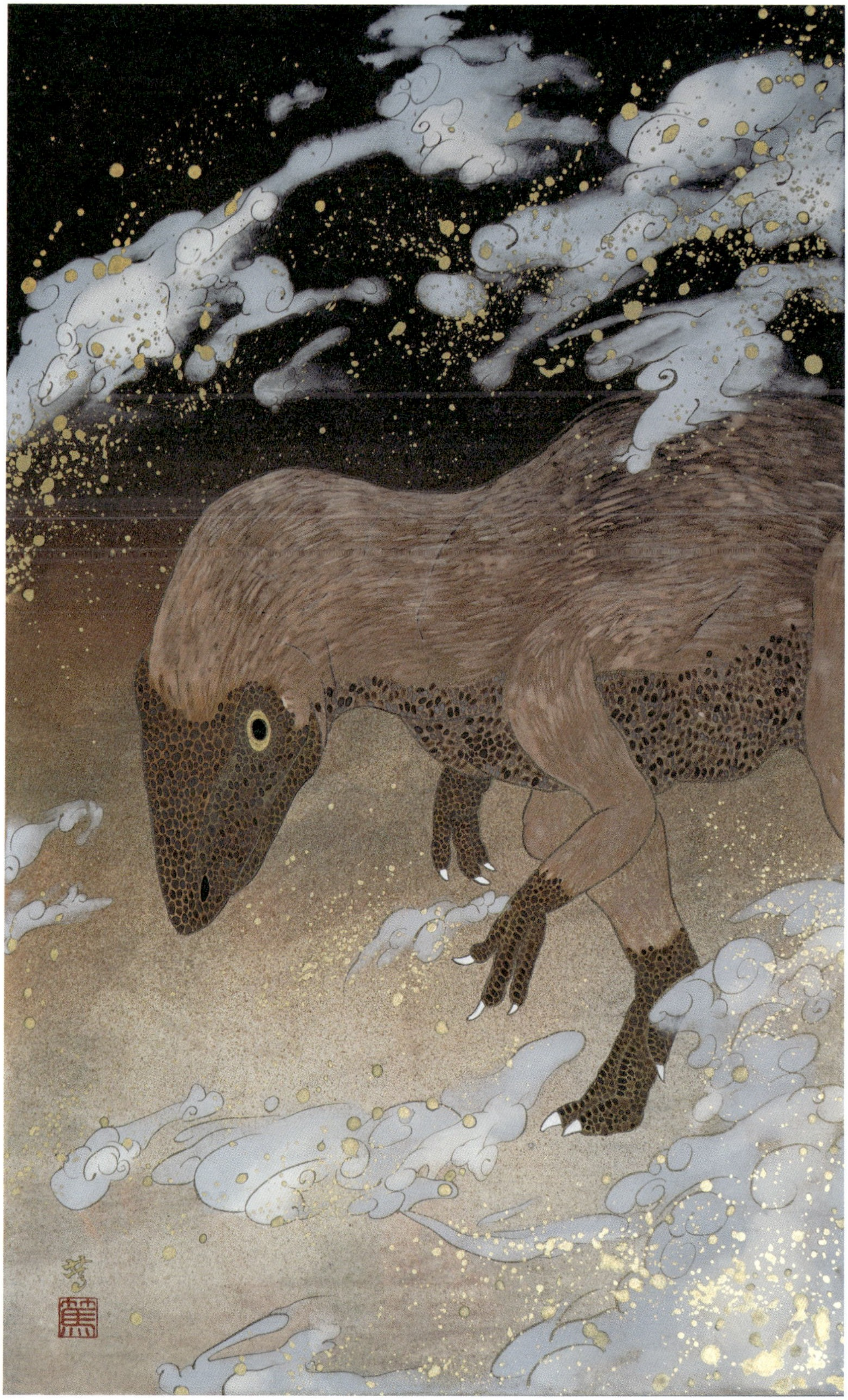

契機 — シノサウロプテリクス

2023年　53.0 × 33.3cm

伏す —— トリケラトプス

2022年　33.3 × 22.0cm

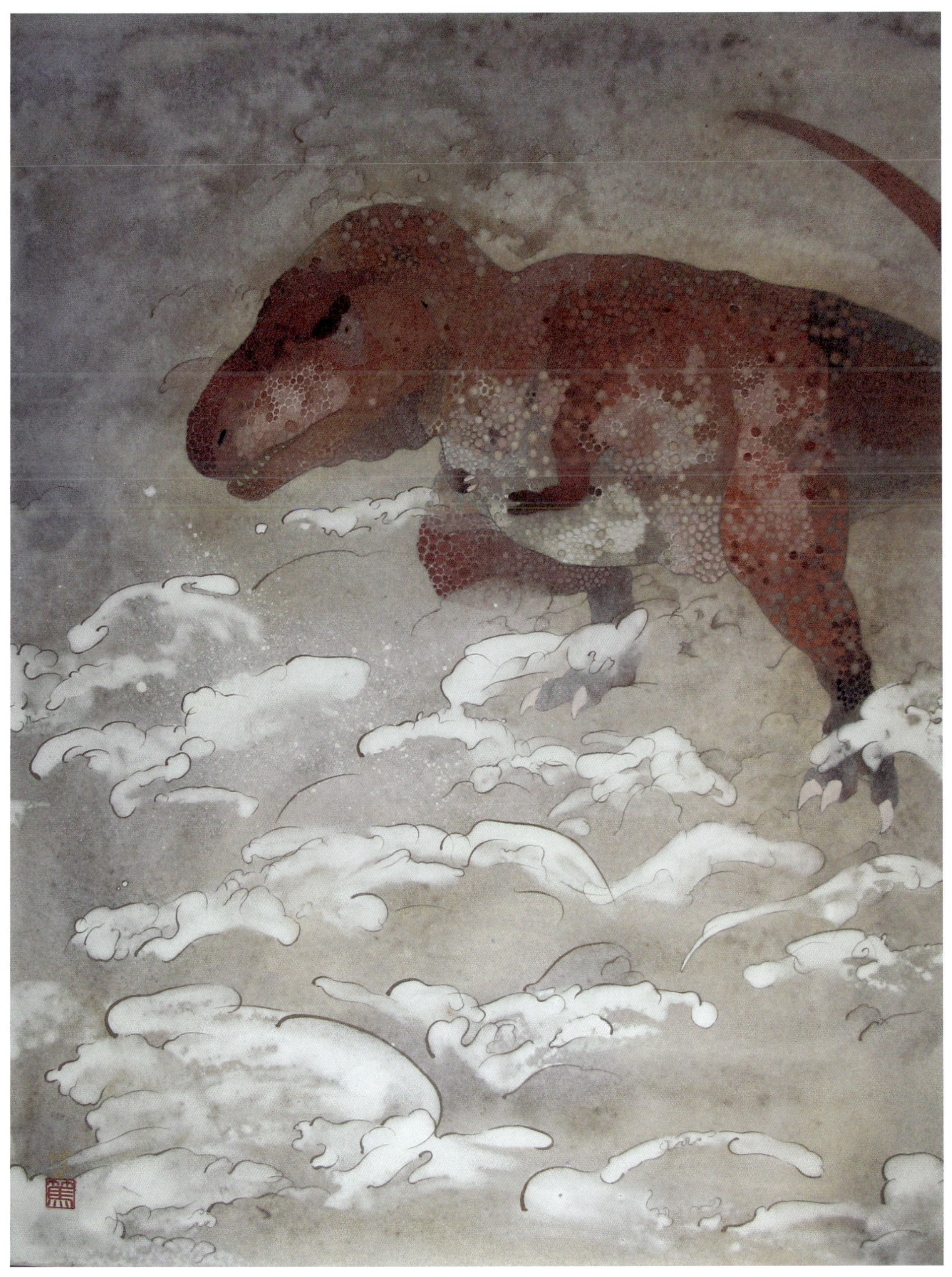

黄昏 ― ティラノサウルス

2023年　65.2 × 50.0cm

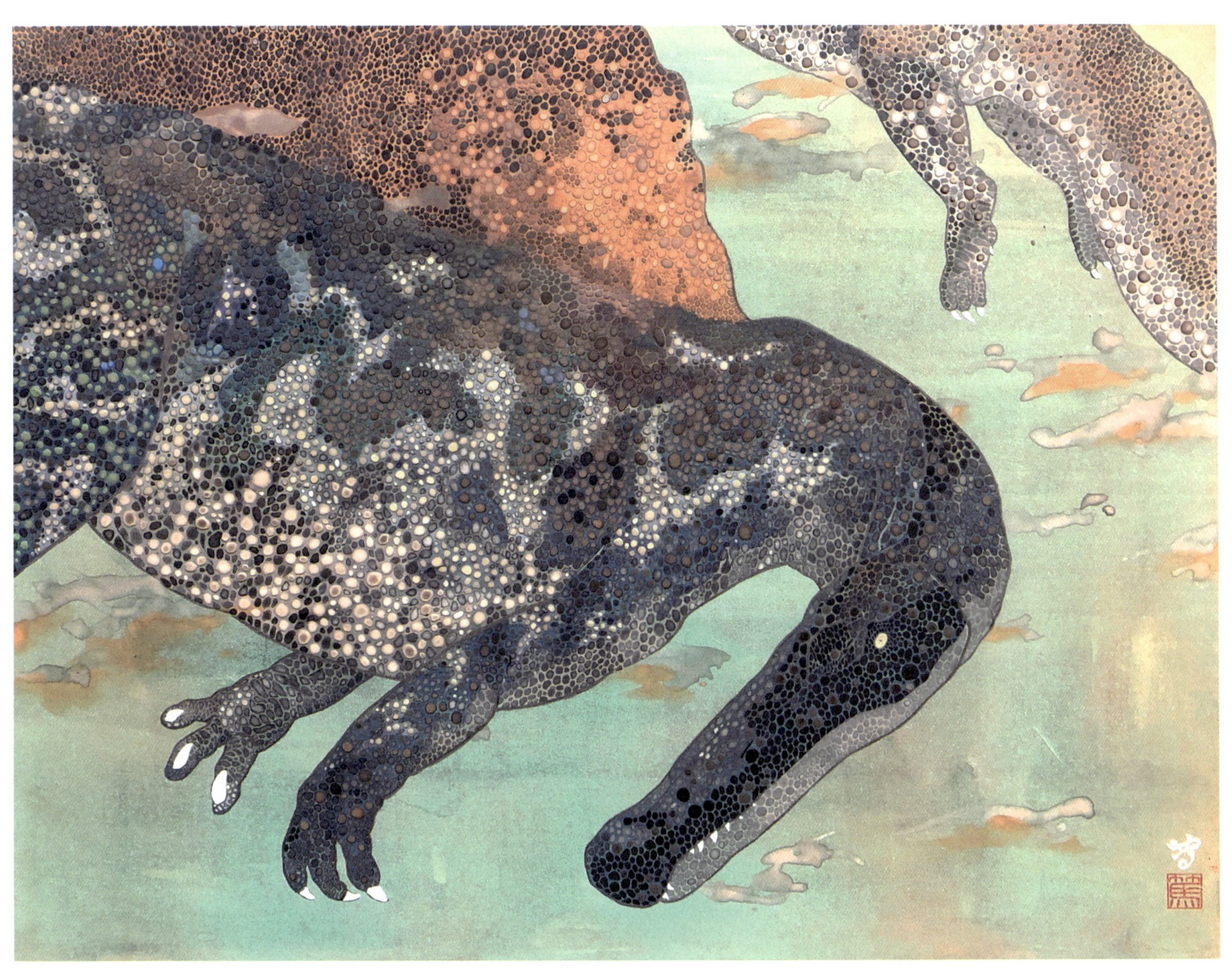

2023年　41.0 × 53.0cm

浮遊――スピノサウルス

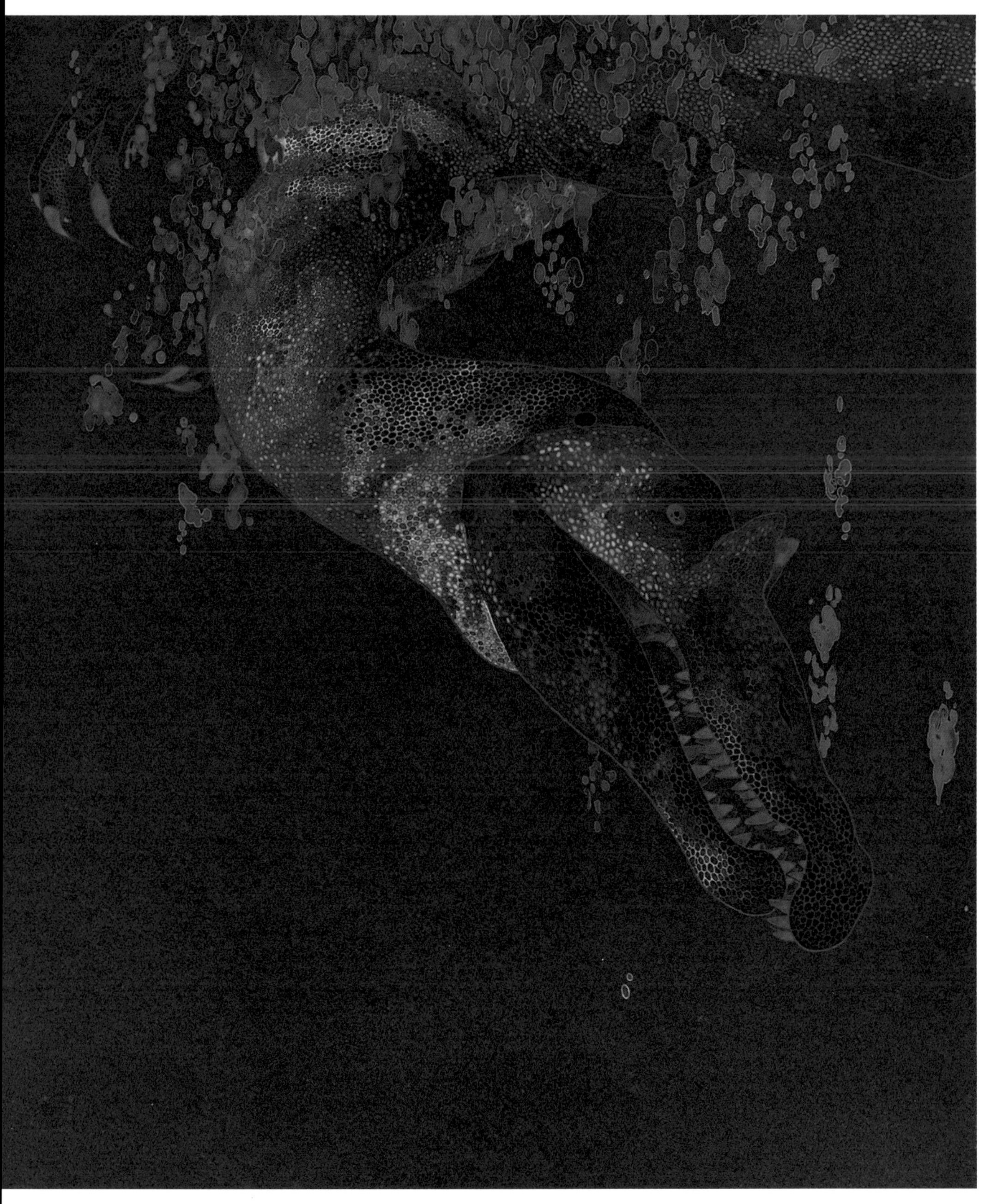

潜竜図 — スピノサウルス

2022年　53.0 × 45.5cm

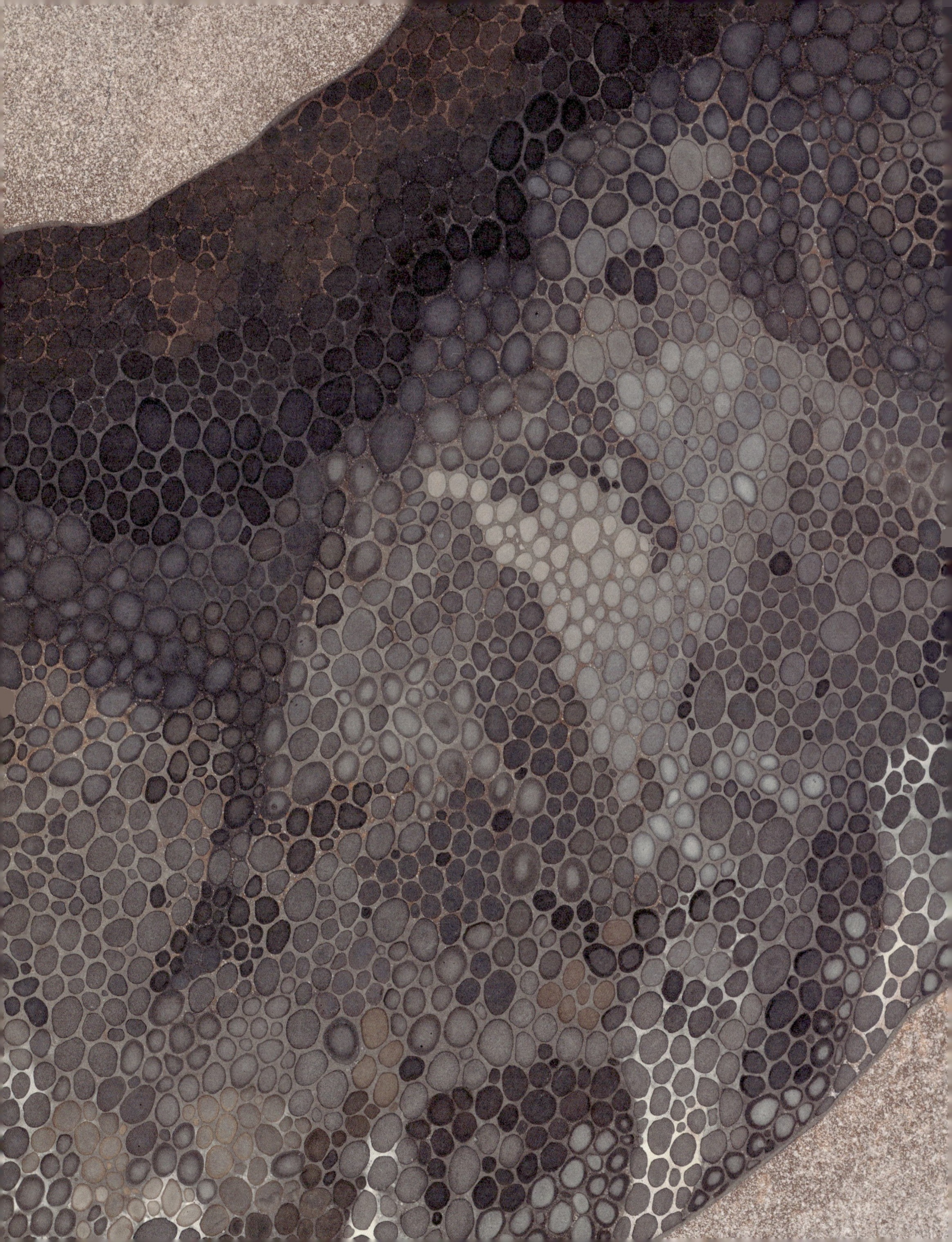

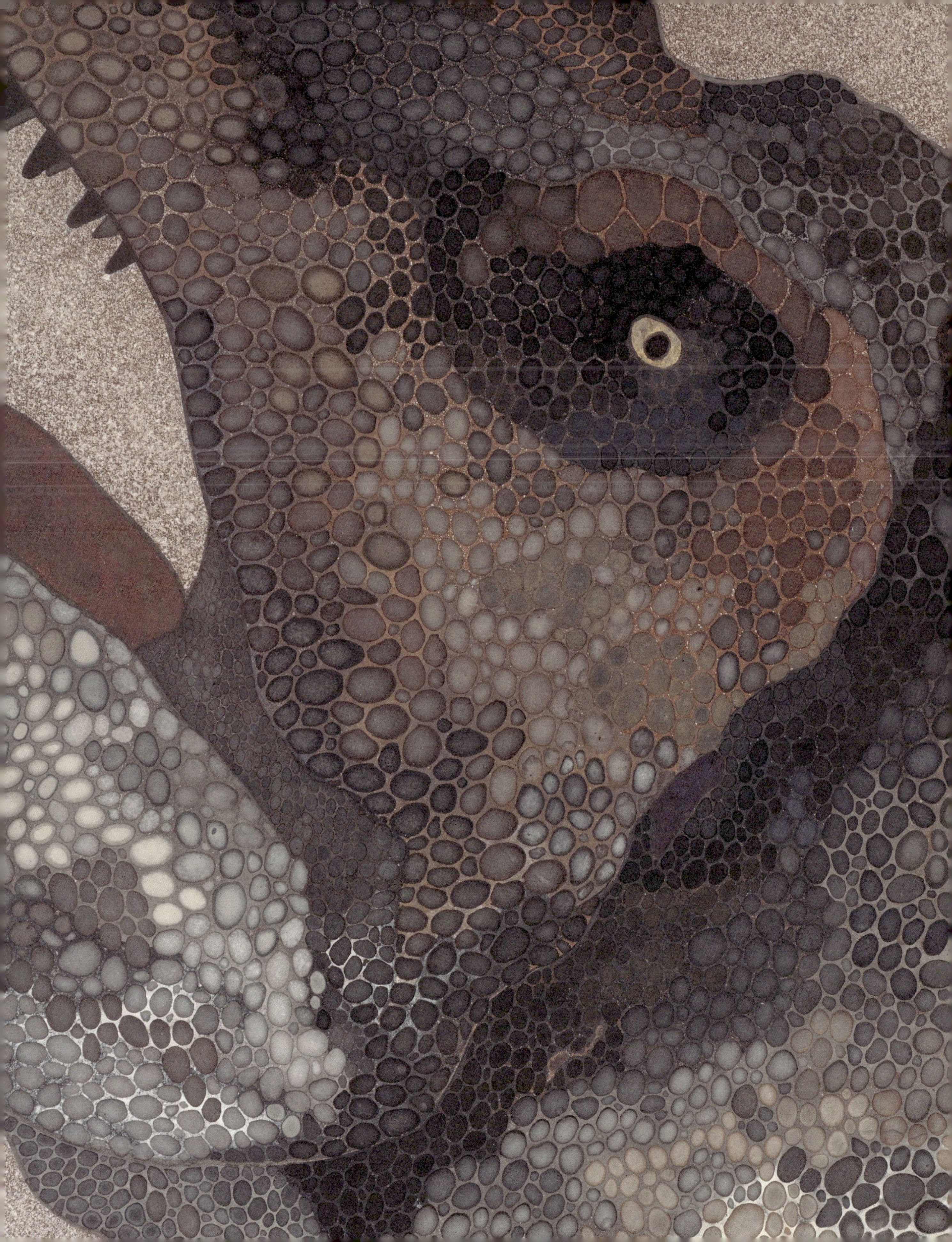

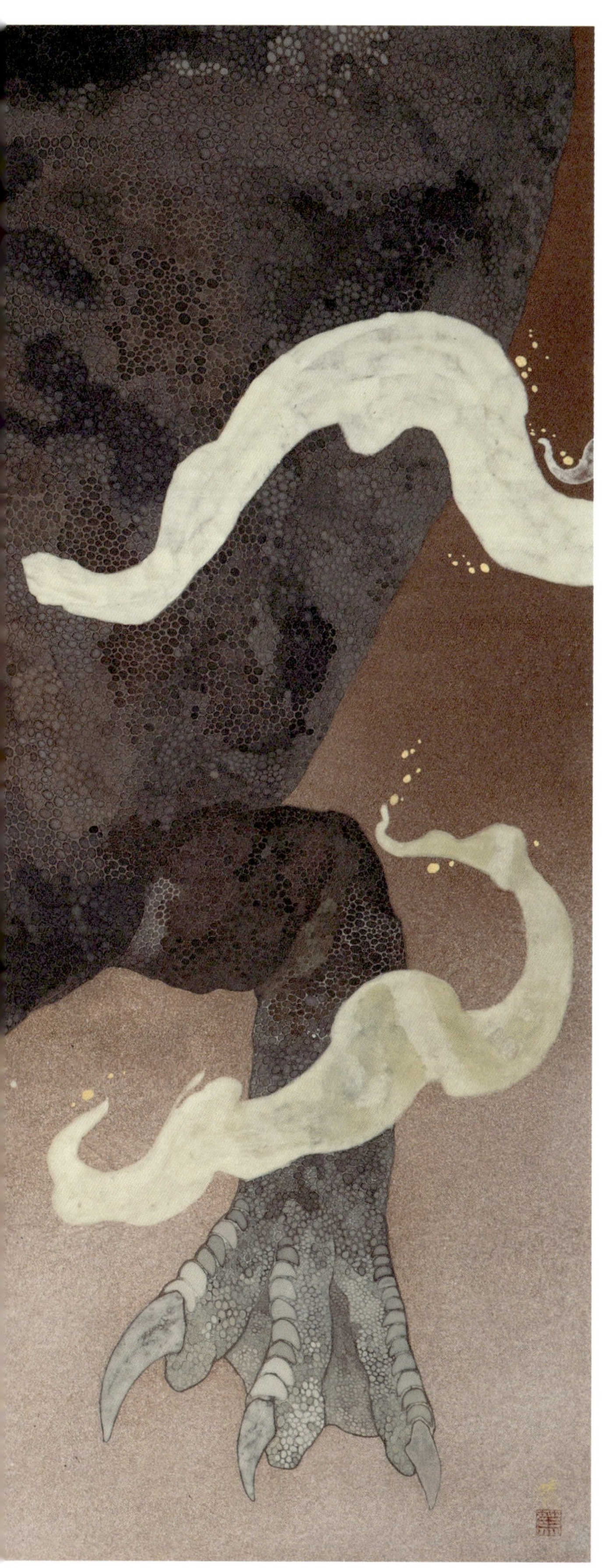

宵 — スピノサウルス

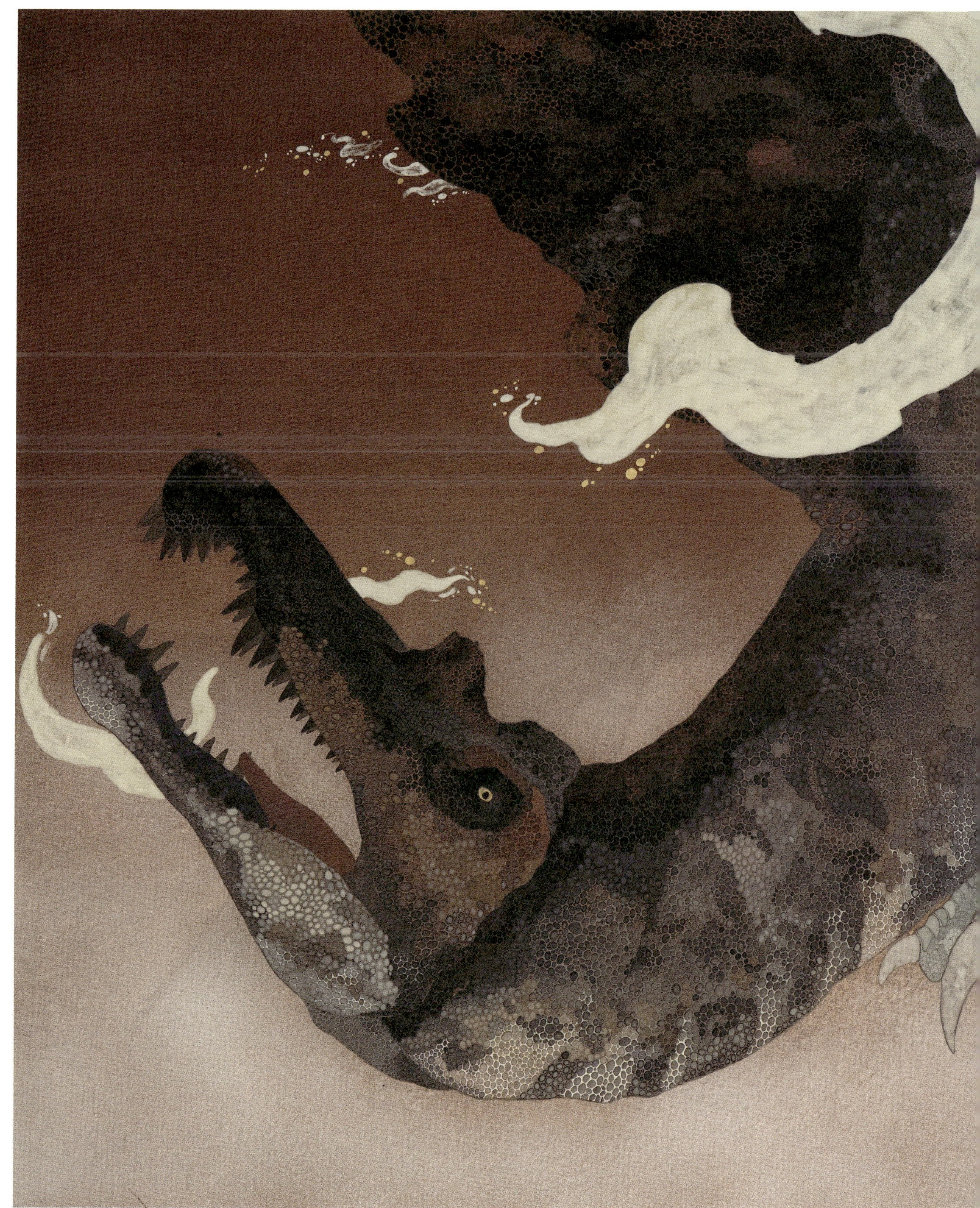

2024年　80.3 × 116.7cm

対談

真鍋真（古生物学者・国立科学博物館副館長）×水島篤

恐竜学のカリスマに聞く「恐竜日本画」、どうですか？

どうして賛否両論ザワついた？ 今まで「恐竜日本画」がなかった理由（ワケ）

水島　真鍋先生、本日はお忙しいところありがとうございます。国立科学博物館の恐竜展示室で対談できるなんて、ワクワクが止まりません！

真鍋　水島さんとお話しするなら、ここしかないと思いました。

水島　この骨格標本を貸し切りで思う存分眺められる……至福です（笑）

真鍋　喜んでいただけて良かったです（笑）

水島　先生とこうしてお話しするのは、２０２３年の「恐竜博」の時以来ですね。

真鍋　そうですね、その節はありがとうございました。《ズール》（48頁参照）と《ゴルゴサウルス》（49頁参照）を描き下ろしていただいて①、グッズもすごく評判になって。もともとはウチの研究室に水島さんのファンがいて、「ぜひプロモーションにご協力下さい！」とお願いしたんですよね。その少し前から私もとても気になっていたので、ご快諾いただけて嬉しかったです。

水島　とんでもない、こちらこそとても光栄なお仕事でした！

真鍋　たしかその前の２０１９年の「恐竜博」の際には、まだ水島さんの話題が出なくて。その頃は恐竜日本画のご発表はなかった？

水島　ちょうどそれくらいから手がけ始めたんですが、本格的に知られるようになったのはやっぱり２０２２年から２０２３年にかけてです。

真鍋　じゃあ僕が知ったのも、皆さんと同時期だったんですね。

水島　ちなみに自分の作品を最初にご覧になった時の印象って、どんな感じでしたか？

真鍋　「こういうのが出てきたな！」と（笑）。恐竜を描く、ということで言えば、図鑑の復元画家の方とかイラストレーターの方とかたくさんいらっしゃるわけですが、「日本画」で、というのはなかったですからね。ただよくよく考えたら、日本画の材料には色々な鉱石が使われていて、それは恐竜の化石と一緒で地面から掘り出されるもので、通じるところがあるじゃないですか。そういう意味ではすごく合ってるな、と感じました。

水島　そう言っていただけて安心しました。実は日本画で恐竜を描く、というのを最初に打ち出し

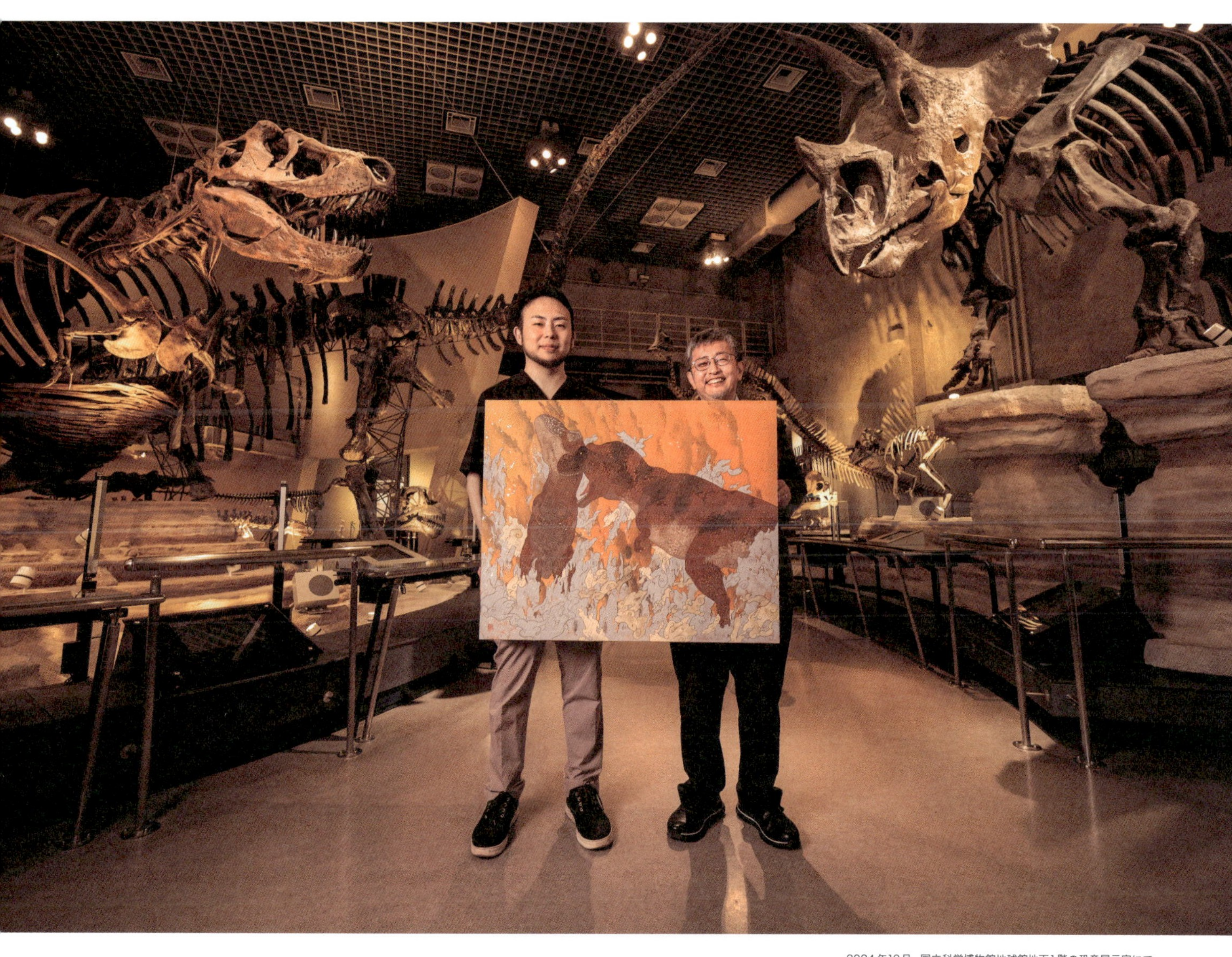

2024年10月、国立科学博物館地球館地下1階の恐竜展示室にて

た時、賛否両論、けっこうザワついたんですよ。賛成派の人たちは「面白い！　もっともっと見たい!!」とめちゃくちゃ盛り上がってくれたのですが、否定派の恐竜愛好家の人からは「科学的にはこうじゃない！」、同じく日本画の保守層の人からは「恐竜はモチーフになりえるのか?」っていう感じで。

真鍋　日本画の門外漢の僕からすると、恐竜がモチーフになっていなかったことがむしろ意外にも感じます。西洋画なんかでは普通にありそうなのに。

水島　日本画って、よくモチーフとして「花鳥風月」とか言われますけど、大前提として目の前のものを観察して写生することが重視されるんです。それを経て本画に入るっていうのが王道で、そういう意味では恐竜は化石以外の実物が現存しないので、イマジネーションで描かないといけなくて、それは正当な流れではない。だから、良く思われないのは仕方ない部分もあって。

真鍋　そういうことがあるんですね。守らなければいけない伝統、みたいな。

水島　ただ、歴史を遡ってみれば、まだ日本画っていう名前になる前の江戸時代の絵画なんかは、当時日本にいなかった虎や象を想像で描いたりしているわけです。もっと言えば、お寺の天井画でよく描かれる龍なんて、完全にイマジネーションじゃないですか。それに比べれば恐竜は、かつて確実に存在したものだし、その子孫も現存しているし、今はミイラ化石などのおかげで研究もすごく進んでいるし、よっぽど現実的じゃないか、と。

真鍋　確かにそうですよね。ここにあるミクロラプトルとか、福井（県立恐竜博物館）に展示されているエドモントサウルス②やブラキロフォサウルスみたいに、皮膚の表層や筋肉の繊維の一部、羽毛とかの痕跡も残った化石の発見が増えいく中で、恐竜のイメージがずいぶん豊かに、かつ現実的になってきましたよね。

1980年代に、恐竜は鳥に進化したものだ、恐竜のDNAは鳥が受け継いでいる、っていう学説が知られるようになって、1990年代の「ジュラシックパーク」などの小説や映画のおかげで広く一般にも知られるようになって。さらに2010年くらいからは、羽毛恐竜のイメージも定着していってね。近年では、羽毛やウロコの表面のメラノソームという色素に関連した組織が残っていれば、色と模様も復元できるようになりました。

水島　鳥の祖先であれば色覚も爬虫類や哺乳類よりもちゃんとしていただろうから、色彩もかなり豊かだったんじゃないか、っていう見解も一般的になってきましたしね。

真鍋　そうですね。水島さんも煌びやかな色の恐竜をよく描かれますが、やはりそういう近年の研究を参照して？

水島　はい。オウムやインコみたいな派手派手しい姿もアリかもしれない、ということがわかったおかげで、制作上の自由をすごく与えてもらった感じがしました。やっぱり絵なので、全部茶褐色とか無彩色とかだけだとどうしても味気ないというか、画面映えしないので（苦笑）

真鍋　確かにそうですね。色のこと以外もいろいろ勉強されていらっしゃる？

水島　やはり好きなので、自然に読んだり見たりしちゃいますね。でも一方で、あんまり知りすぎると、その先にいけなくなったり、踏み込めなくなるかも、と思うことがあるんです。知らないからこそポーンといってしまえたりするのが、描く上での醍醐味だと思っています。

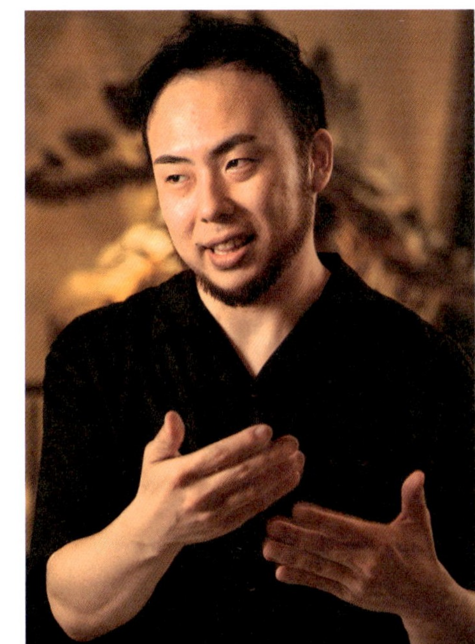

歯の数は？目鼻の位置は？唇はあった？リアリティはディテールへのこだわりから

水島　とはいえ、あるべき恐竜のイメージからあんまりかけ離れると関心を持たれないというか。だからある程度、みんなが持っている「強い」「大きい」「かっこいい」「かわいい」といった姿に寄せていくんですけど、寄せすぎても面白くないし、寄せなさすぎても、みたいな、そこの案配が難しいですね。最近も、爬虫類は哺乳類ほど骨格から肉づきが離れない、体つきはある程度骨格標本に忠実にならざるをえない、っていうことに気付いてしまって。だから、「ここにこういう筋肉がつけられたら面白いフォルムになりそうだけど……骨格を考えるとやれないなぁ」みたいなジレンマを抱えています（苦笑）

真鍋　（周囲の骨格標本を見ながら）僕らサイエンスの人間は、こういったものを見ながら、ここから柔らかい部分がどこまでどうあって、硬い部分とこう繋がって、みたいなことを理論的に考えるわけなんだけど。でも、もっと想像力をはたらかせて描きたい、っていうところにおいては、ガチガチになりすぎない方が良いわけですね。

水島　そうは言いつつも、イマジネーションを優先させすぎると本当にファンタジーの生き物になってしまうので、リアリティは担保したいところで。そのためにはディテールが重要だと思っています。だから、例えば歯の数とか並び方とかは本当にこれでいいのか、みたいなところでよく悩んでいます。この文献ではこう言ってるけど、この画像ではそうではない……みたいに資料をあたっても整合性がとれなくて。

真鍋　たとえば、肉食のティラノサウルスやタルボサウルスなんかの獣脚類は、論文上は60本前後と言われてはいますが、爬虫類は常に歯が生え替わるし、しかも一本一本独立して生え替わりますからね。咬みついた時に何本か折れちゃった、みたいなことも頻繁にあるはずで、基本的に歯並びは悪かったと思うんです。だから何本描けば間違いない、っていうのは意外に難しい時もあるかもですね。

水島　逆に歯並びが良いのは、リアリティの点ではおかしいっていうことですね。実際、歯並びを

「強い」「大きい」「かっこいい」などのイメージに寄せすぎても面白くないし、寄せなさすぎても……そこの案配が難しいです　——水島

綺麗にすると絵的につまらないというか、少し歪な方が生々しい、血が通った感じになると思っていたので、その裏付けをいただけて安心しました。

真鍋　一方で、草食のエドモントサウルスなどのカモノハシ竜とかは、デンタルバッテリーって言って、前後の歯がくっついていて、そのユニット全体で生え替わっていくので、基本的に綺麗な歯並びなのが当たり前だったりします。

　こういう知見も一個体だけで得られるわけじゃなくて、何十体、何百体を調査してそこから見えてくるんですよね。サイエンスの研究や実験は、とにかく証拠を集めてデータを積み重ねて、の繰り返しが基本的なアプローチで、そこから平均値や、多数派、少数派などを割り出しながら、重視すべきことを精査していくわけです。

　そういえば、ティラノサウルスの指の数も、長らく2本というのが定説だったのが、最近は小さくて目立たない、表立ってはほとんど見えなかっただろう3本目があったことも広く知られるようになりました。もともと3本だったのが退化してこうなったらしい、というのがデータサンプルの充実とともに明らかになってきたわけです。

水島　指のディテールをどう描くかもリアリティを出す上で大事だと思っているので、すごくありがたい情報です！　この際うかがっておきたいんですが、唇ってどうなっていたんでしょう？　もし唇があって歯が覆われていたんだとしたら、剥き出しの歯で迫力を出すような画面にはならなくなるな、と思うことがあって。でも、それはそれで可愛い感じになるのかな、なんて（笑）

真鍋　そのあたりが議論されていること、よくご存知ですね。かつては、爬虫類に哺乳類のような唇があるなんておかしい、という人が多くて、復元図でもワニのように長い歯が口の端から見えているというのが一般的でした。でも、ワニがそれで大丈夫なのは半水棲で口の中が乾燥してしまう心配がないからであって、平原や砂漠で暮らす場合は完全に閉じないと生存に不利になったでしょう。だから一般的な恐竜は、唇と同様の機能の組織を持っていたのではないか、という考えが主流になりつつあります。時代とともに、復元のされ方、表現のされ方が変わってきた部分だと思います。

水島　確か、歯茎の根本あたりに神経が通っていたであろう穴がどれくらいあるかが唇の有無の決め手になる③、と何かの記事で読んだ憶えがあります。

真鍋　その穴がすごく密集しているところは皮膚に近いことを示しているので、そこに薄い軟組織を復元することが出来ます。先ほどお話したエドモントサウルスなどは、歯が生えているところと、顎の輪郭の間に隙間があることから、頬のようなものがあったと推定することが出来ます。骨の表面の穴に戻りましょう。スピノサウルスなどは口の先端の方にたくさん小さな穴が空いているんですけど、これは唇的なものじゃなくて、視界のきかない水中で、周りを泳ぐ魚とかの気配を察知するような器官があったからではないか、という意見があります。まだまだ研究の余地のあるそういう部分こそ、アーティストの方にとって想像力の膨らましがいがあるところといえるかもしれませんね。

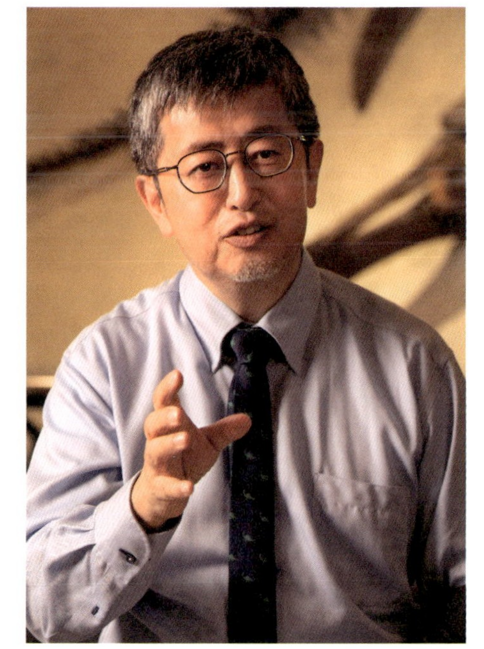

やっぱり岩絵具ならではのこの物質感ね！「実在したらこんな感じだったのかな……」っていうリアリティは、これがあるからこそ
——真鍋

水島　先生はそういった創作者の方から専門的な意見を求められることも多いと思うんですが、どんなアドバイスをされたりしますか？

真鍋　そうですね……例えば、目の位置が違うんじゃないか、口の大きさはこうじゃないんじゃないか、脚の長さがおかしいな、とか、気になるところがあったら「この復元骨格と照らし合わせてみて、プロポーションを確認してみて下さい」みたいな提案はよくしますね。水島さんの作品の場合は、そういう点での問題はありませんでしたね。

水島　いや、実は鼻の穴の位置とか形とか、ある

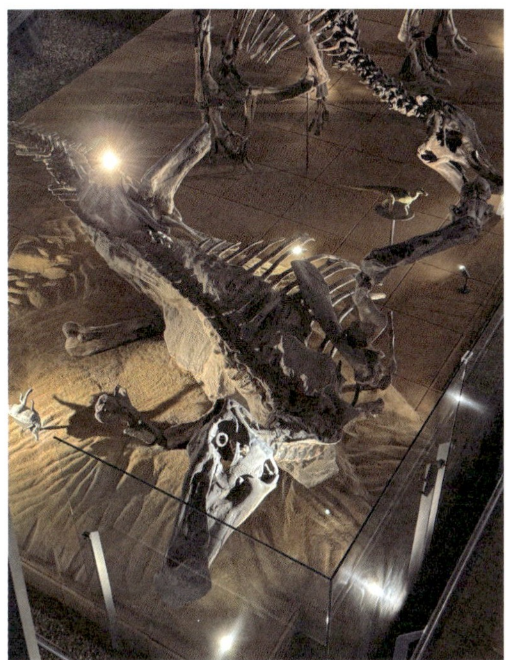

②福井県立恐竜博物館に常設展示されているエドモントサウルス。皮膚痕など通常では残らない組織も化石化した貴重な標本で、こうした「ミイラ化石」から得られる研究成果は非常に大きい
提供：福井県立恐竜博物館

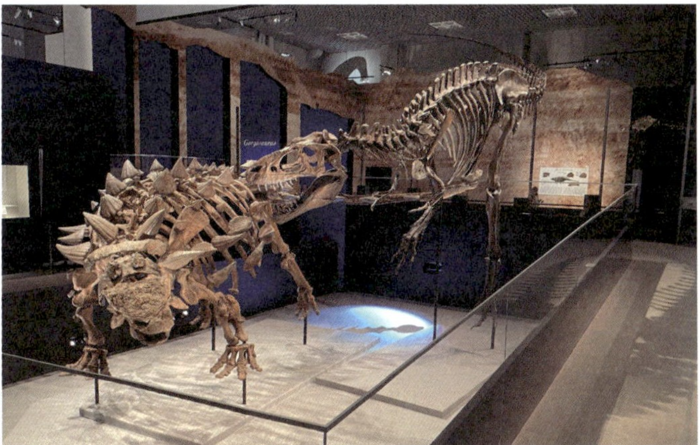

① 国立科学博物館での「恐竜博 2023」の目玉展示のひとつとなったズールとゴルゴサウルスのロイヤルオンタリオ博物館標本。これらをもとに水島が描いた日本画作品が展覧会のオフィシャルグッズになった
撮影：真鍋真

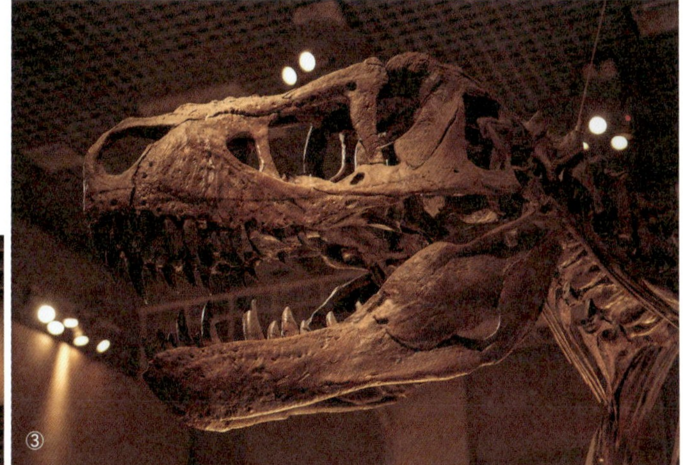

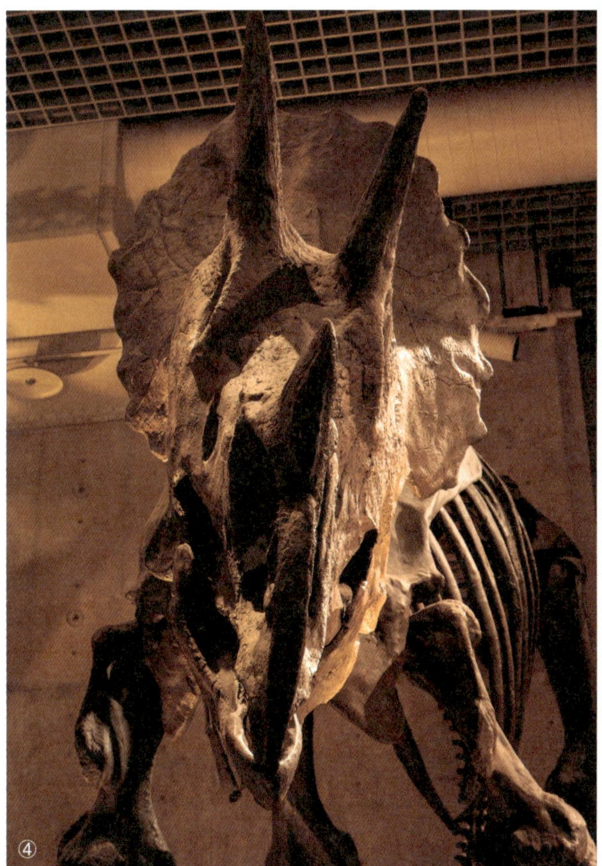

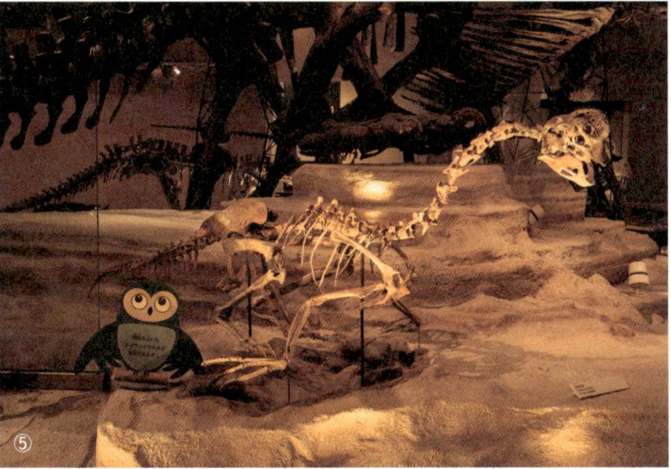

国立科学博物館の恐竜展示室の標本より　③ティラノサウルスの口元をよく見ると、歯茎の根元付近に多くの穴が空いている。ここに血管や神経が通っていたと推測されており、そこから「恐竜にも唇のような組織があったのではないかと」という論議が起こっている　④トリケラトプスの化石を正面からみると、頭部が偏平なことがよくわかる。もとはもっと横幅のあるものだったのが、地層の堆積の過程で押し潰されていったと推測される　⑤ティラノサウルスの足元に設置されたシチパチの化石。化石化の過程で押し潰された骨格を、巣の上で鳥類のように抱卵していた本来の形に復元したのは世界で初めて

いは目と目の間とか、ちょっと変えた方が絵的にカッコよくなるな、と思えたら意外と好きに変えたりしています。

真鍋　全然違和感を感じませんね！　クオリティの高さゆえですね。あとフォローするわけじゃないですが、同じ種の化石でも個体差があったりします。例えばこのトリケラトプスにしても、よく見ると頭部、特に後頭部のフリルとか、意外とぺったんこというか、偏平になっているのがわかると思うんですが④、これは死んで横たわった上に地層が重なっていって押し潰された結果なんです。本来はもっと左右の幅があったはずなんですよ。

水島　あ、やっぱりそうなんですね！　実は数年前にこれを初めて見た時、すごく細いので驚いたんですよ。トリケラトプスってもっと肉厚というか、幅広なイメージがあったので。そうなんですね、潰れて……。

真鍋　骨格復元は、できるだけ発掘された状態を活かして組み立てるのを基本にしているので、こういう差異が化石を取り巻く環境や死んだ時の姿勢などによって出てくるんです。ただ、だからといって重要なポイントまでは変わらないので。例えば、このトリケラトプスでいえば、一番手前のところに鼻の穴がありますけど、今の爬虫類の鼻の穴は骨の穴の前の方で小さく空いているわけです。そういう意味での大きな違和感が水島さんの作品には本当にありませんよね。

水島　そう言っていただけると安心します。

「恐竜」のイメージをもっと豊かに……アートもサイエンスも、思いは同じ

真鍋　話が少し戻りますが、「日本画」として恐竜を描く上でこだわっているのはどんなところですか？

水島　今のリアリティの話と矛盾するかもしれませんが、あくまでも絵画であり創作物である、というところ。そして日本画としていかに魅力的であるか、というところですね。実は今日、一枚作品を持ってきましたので、ご覧いただきながらお話しできれば……（80頁掲載の《巫山戯る（ふざける）—ティラノサウルス》を開梱する）

真鍋　すごいですねぇ……。ウロコの感じにまず惹かれますね。

水島　ありがとうございます。ウロコの表現は自分の作品の特長だと思っています。日本画って、描くこと自体が難しいんです。すごくコントロールしづらい。ですので、こうして岩絵具と筆を使って盛り上げながら無数に敷き詰めていくっていうのは、クオリティを求めたら本当に手間で。だからやる人もいないし、その前にできる人もいないと思っていて、だからこそやる価値があると確信しています。最近は、大御所の先生から「これどうやってるの？」「よくできるね」と言われることもあって、「あ、すごいことをやってるのかな」と自覚し始めました（笑）

真鍋　（作品をじっくり眺めながら）やっぱり岩絵具ならではのこの物質感ね！これがあるからこそ、「この恐竜が実在したらこんな感じだったのかな……」っていうリアリティが生まれるというか。

水島　ウロコの並びとか、不自然に感じたりしませんか？

真鍋　特には感じません、それより迫力に圧倒されます。

水島　良かった！　立体的な整合性を追求するならもっとこういう配置で、こういう流れで、とかあると思うんです。最初の頃の作品、例えば《雄心—スピノサウルス》（77頁参照）などではまさにそういう表現を行っていたんですが、それに縛られすぎると絵が硬くなっちゃって。だから今は、視覚的な美しさだったり、面白さだったり、リズムだったり、っていうところに重点を置いています。

　日本画っていうのが元来、対象についてのさまざまな要素を削り落としながら、本質を抽出していく性格の絵画なんですね。だから、造形とか描線とかもウロコの表現と同様に、シンプルにしながら綺麗さや心地よさとかに収斂するように意識しています。

真鍋　やはりそういうところが、復元図なんかとはまた違う魅力ですね。あとこの作品でいえば、ティラノサウルス同士の戦いの場面だと思うんですけど、そういう風に見えないのも不思議というか、面白いですね。

水島　そのご意見は参考になります。二体の肉食恐竜が対峙している＝戦っている場面、と単純化されないのは、おっしゃるとおり日本画の空気の柔らかさのたまものなんだな、と再認識しました。実はこれ、タイトルを「巫山戯る」としているように、じゃれあってるんです。そもそも恐竜がじゃれる、っていうイメージを持つ人ってあまりいな

> 日本画は元来、対象の本質を抽出する絵画。
> だから造形とか描線とか、シンプルにしながら
> 綺麗さや心地よさに収斂するよう意識しています
> ――水島

いと思うんです。でも恐竜たちも生き物だから、動物と同じように遊んだりもするだろうな、っていう会話がこの作品から始まれば……みたいな思いもあります。

真鍋　水島さんのその気持ち、とてもわかります。僕がこの展示室をデザインした時も、このティラノサウルスは通りかかろうとしているトリケラトプスに気付かれないようにしゃがんで待ち伏せしていて、射程距離に入ったらパッと攻撃する、っていうシナリオを考えたんですけど、そういう風にしたのは、いかに「生き物らしさ」を感じさせられるか、というのが根底にあります。

例えば、今も肉食と草食の動物が命のやりとりをしているけど、それに比べると恐竜はどうだったんだろう、とか。ティラノサウルスの足下にあるシチパチの化石では、抱卵の様子を再現して⑤、本当に鳥の祖先なんだな、ということや、命を育むっていう点では鳥類、そして私たち哺乳類とも変わらないんだな、ということが伝わるようにしたりとか。そうすることで、恐竜の生き物としてのイメージを豊かに広げていってほしいし、さらにいえば、そこで知識や興味が深まった人たち同士が語り合い、繋がりあっていってほしいな、とも思っているんです。

その入口となりうるという意味ではサイエンスもアートも違いはないというか。立場は違うかもしれないけど、土俵は同じだと思いますね。

水島　そうですね。だからこれからも、例えば子育てのシーンとか、求愛のシーンとか、日常のちょっとした仕草とか、それこそ花鳥画から感じるような生き物へのシンパシーにあふれる作品にももっと挑戦したいと思うし、日本画なら恐竜がモチーフであっても、それが自然なかたちでできるんじゃないか、と思っています。ザ・恐竜、みたいなものではなくて、日本画だからこそ、自分だからこそ表現できる、これまでの恐竜絵画では見たことのないようなものをもっと描いていきたいですね。

あと、これはちょっと生意気かもしれませんが……恐竜によってもっと日本画そのものをメジャーにしたい、というか。昭和時代くらいまでは、日本画といえば横山大観や平山郁夫、東山魁夷とか、誰もが知っている画家がいて、文字通り国民絵画としての存在感があったと思うんです。でも今は残念ながら少しマイナーになりかけているのは否めない。だから日本画に関心を持ってもらって、その魅力や面白さを広めるために恐竜の力を借りられたら、という気持ちもあります。

恐竜愛好家の繋がりは国境を越えますから、浮世絵が印象派に影響を与えたような広がりが水島作品から起こるかもしれないですね ——真鍋

真鍋　なるほどね。国内もそうですけど、海外の人が水島さんの作品をきっかけに初めて日本画に触れた、ということも今後起こりそうですね。日本画自体が東洋的な魅力を秘めている感じがするし、恐竜愛好家同士の繋がりは国境を越えますから、浮世絵が印象派に影響を与えたような広がりが水島作品からも起こるかもしれないですね。

水島　あぁ、海外で描いてみたいですねぇ……。国内だと生活空間にあわせた小品を求められることが多いんですけど、海外だと大きいものを描いて欲しい、っていう依頼が多いらしいですからね。やっぱり恐竜って、大きいのが魅力じゃないですか。だから作品も大きいのを描いてみたいんですよ。それこそ竜脚類とかを実物サイズで、30メートルくらいのをドーン！と（笑）

真鍋　良いですねぇ（笑）。その作品がまた新たに、たくさんの人の恐竜をめぐる会話のきっかけになれば、そしてその輪がもっともっと広がってくれたら、と思いますね。

水島　そうなれるように頑張ります。その時は、ぜひ監修よろしくお願いいたします！

改めて本日は、お忙しいところ本当にありがとうございました。ふだんだとなかなか辿り着けないような情報もたくさんいただけて、とても刺激になりました。一刻も早くアトリエに戻って筆をとりたい（笑）

真鍋　頑張って下さい（笑）。こちらこそ、本日はありがとうございました。今後のご活躍をますます楽しみにしております。

まなべ・まこと

1959年生まれ。横浜国立大学教育学部卒業、米国イェール大学地質学・地球物理学部修士課程修了、英国ブリストル大学理学部PhD・課程修了。博士（理学）。国立科学博物館・標本資料センター・コレクションディレクター、分子生物多様性研究資料センター・センター長、副館長・研究調整役。群馬県立自然史博物館・特別館長を兼務。恐竜など中生代の化石から読み解く爬虫類、鳥類の進化を主な研究テーマとしている。著書に『深読み！絵本『せいめいのれきし』』（岩波書店）、『恐竜学』（学研プラス）、『恐竜の魅せ方 展示の舞台裏を知ればもっと楽しい』（CCCメディアハウス）ほか、図鑑の監修、「恐竜博」など展覧会、博物館の展示監修も多数。

※記事内の肩書は対談収録時のもの

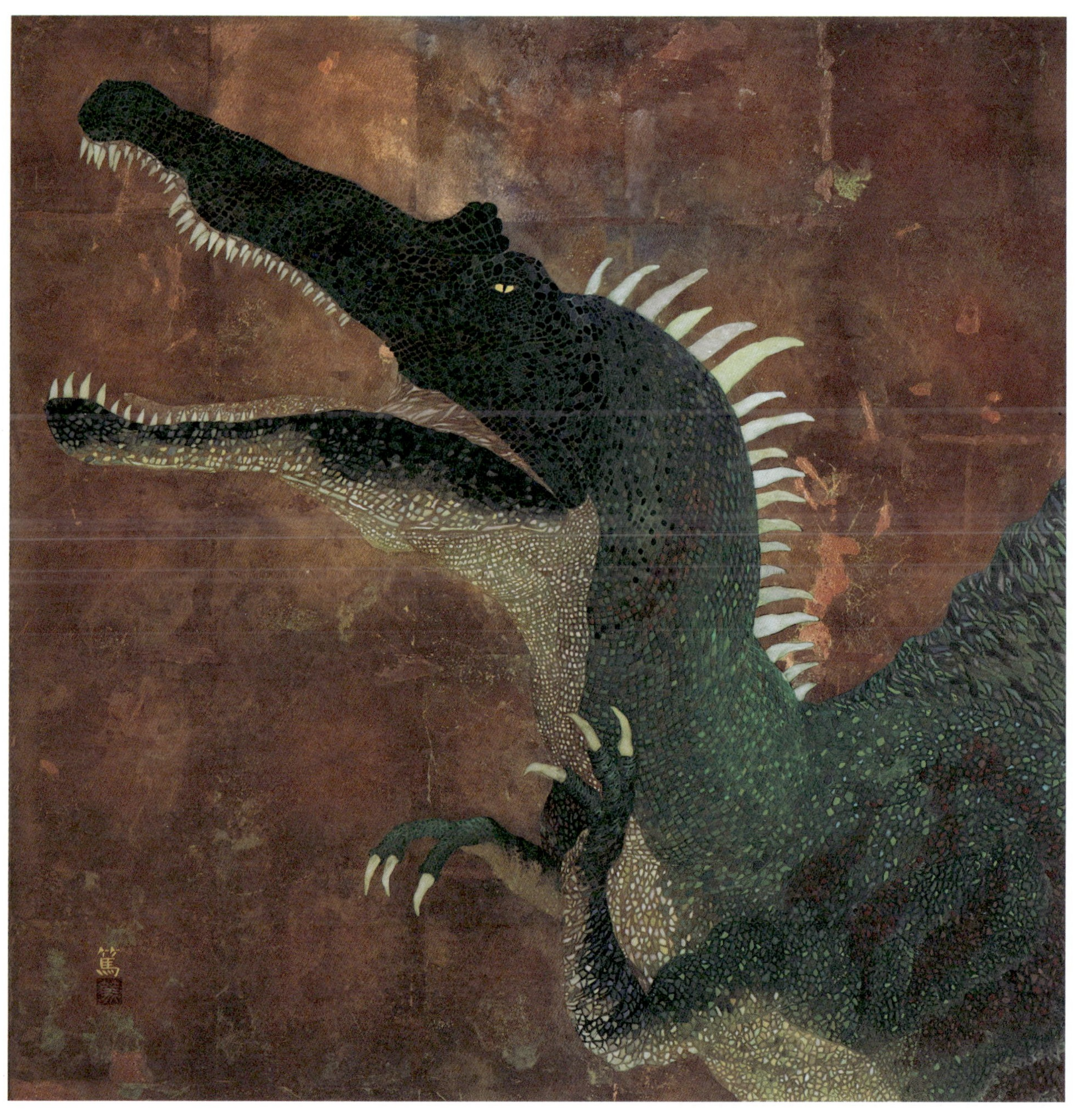

2020年　65.2 × 65.2cm

雄心 ― スピノサウルス

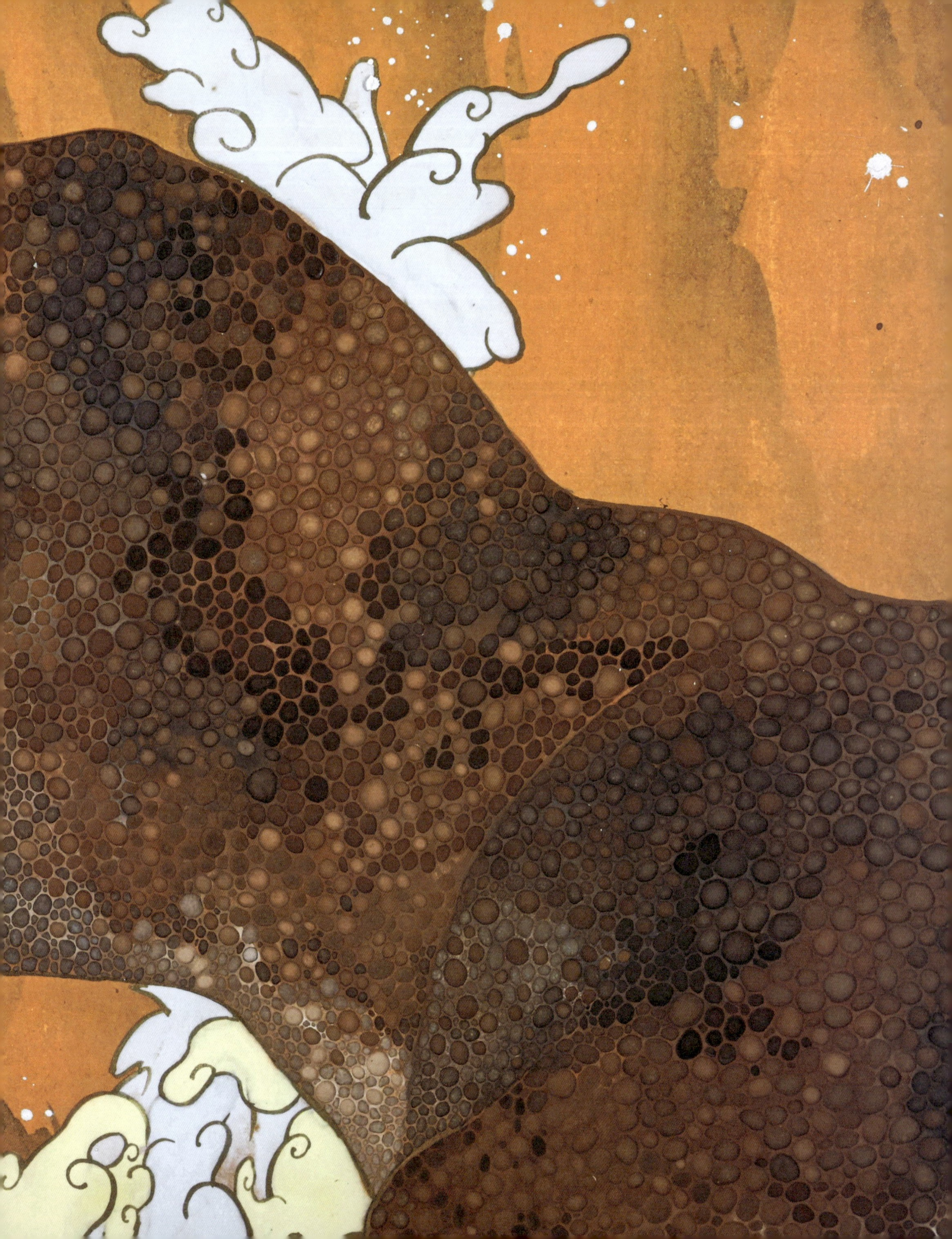

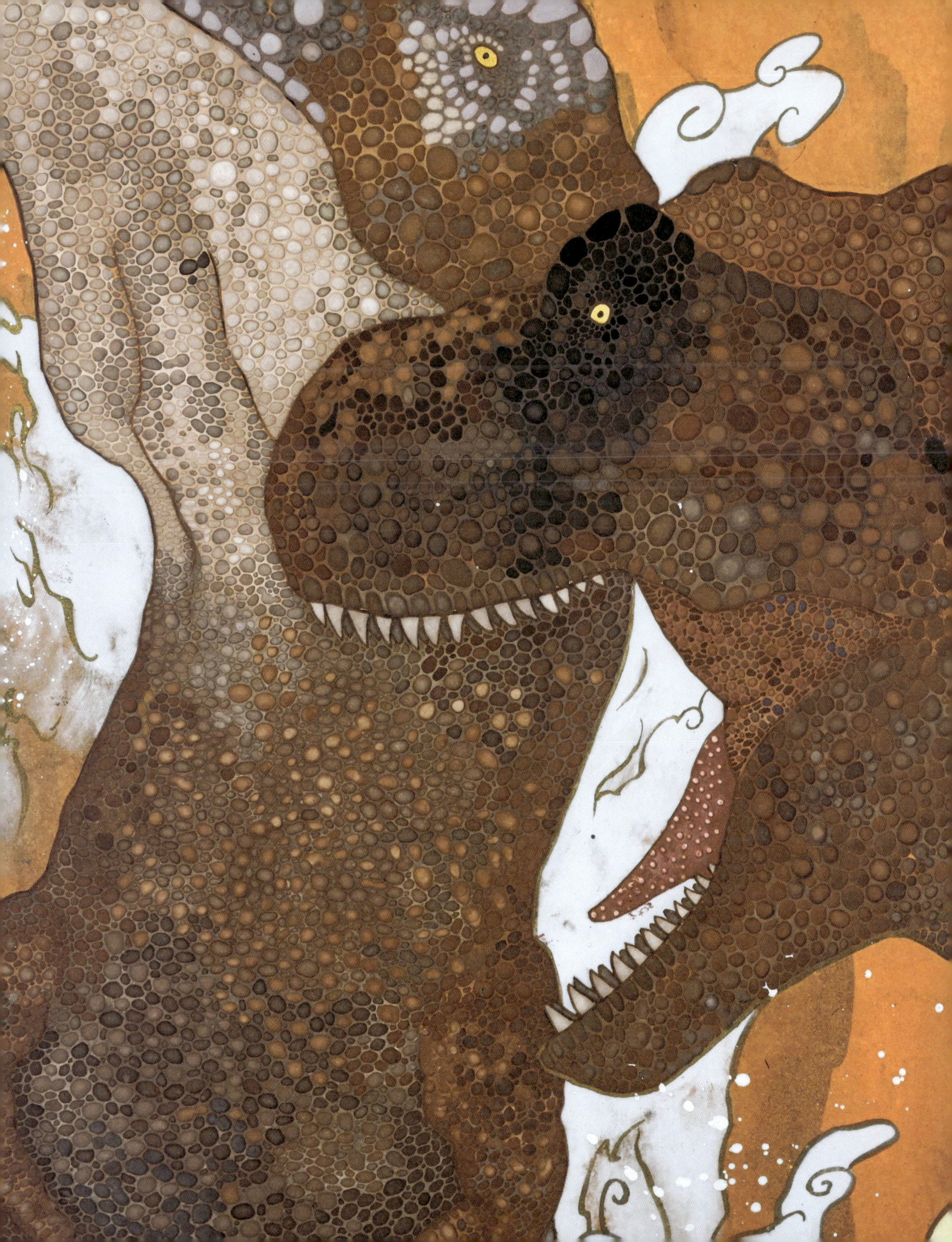

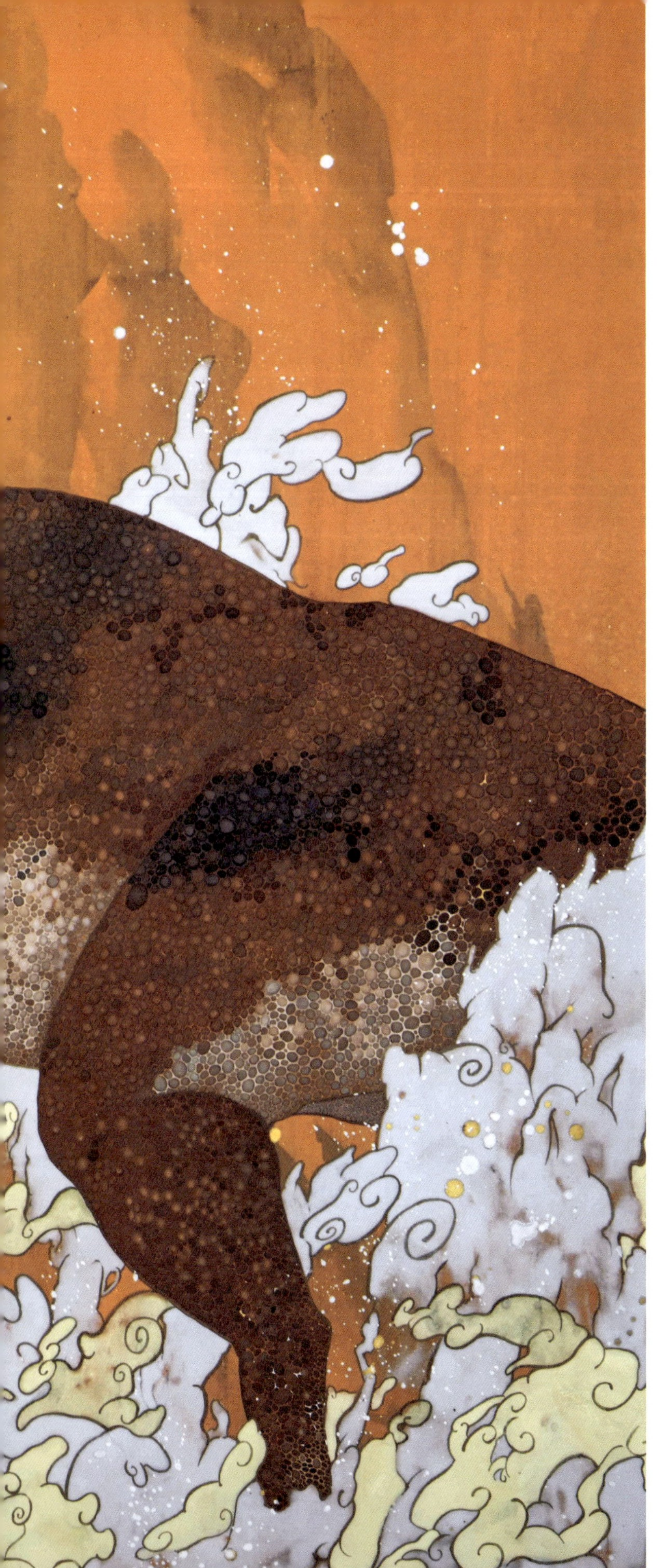

巫山戯る――ティラノサウルス

2024年　72.7 × 91.0cm

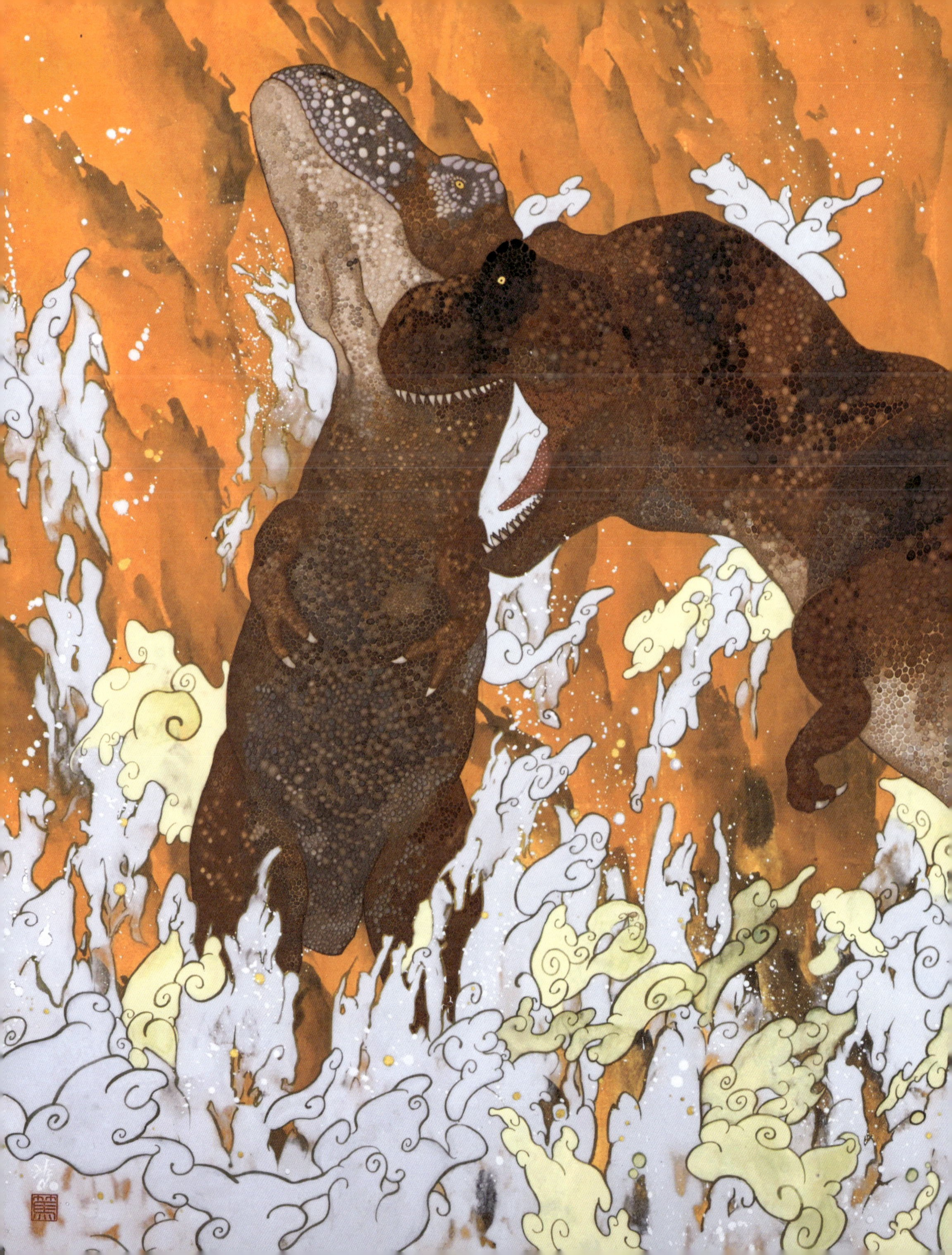

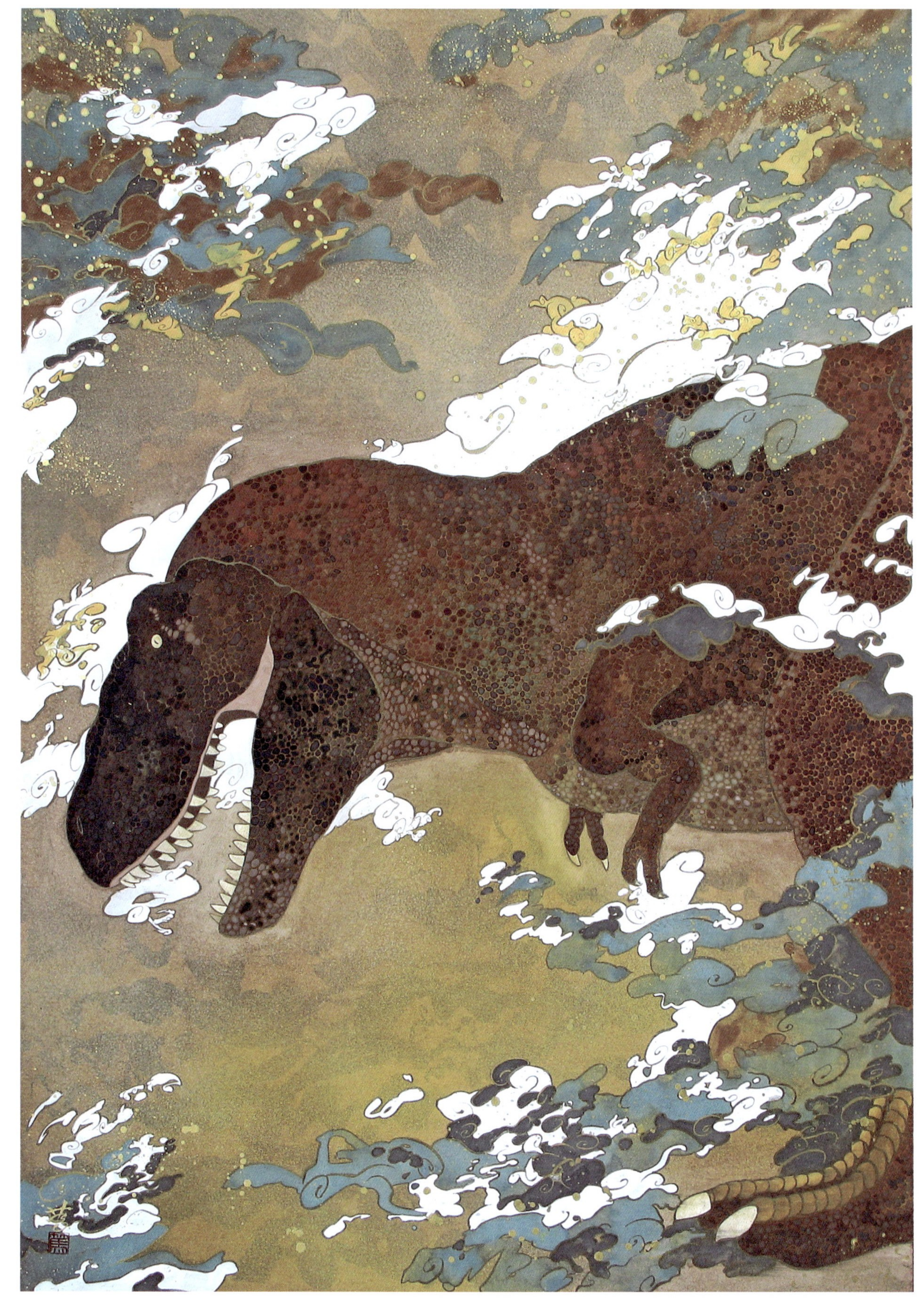

自灯明 — ティラノサウルス

2023年　91.0 × 65.2cm

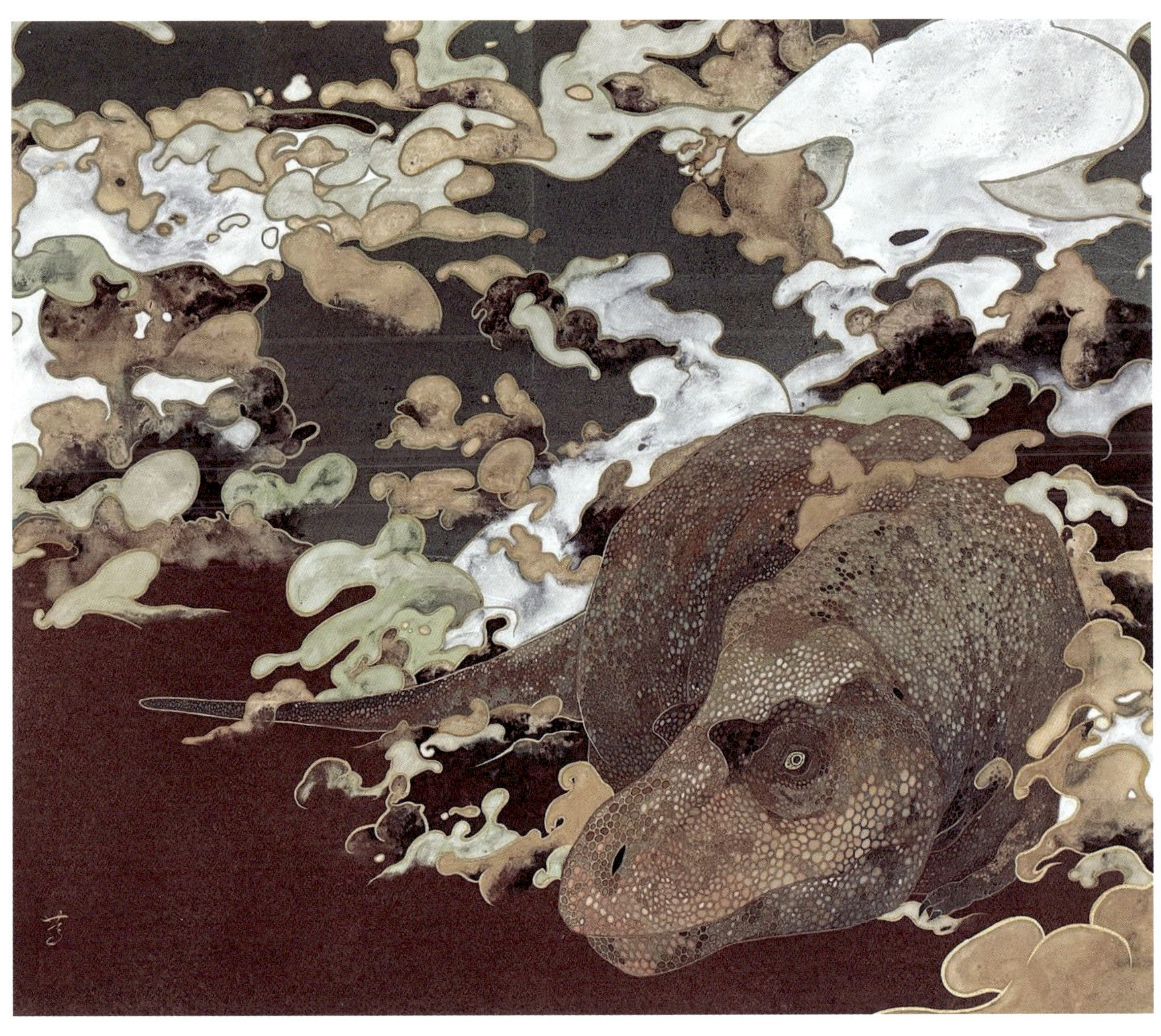

2022年　45.5 × 53.0cm

居る——ゴルゴサウルス

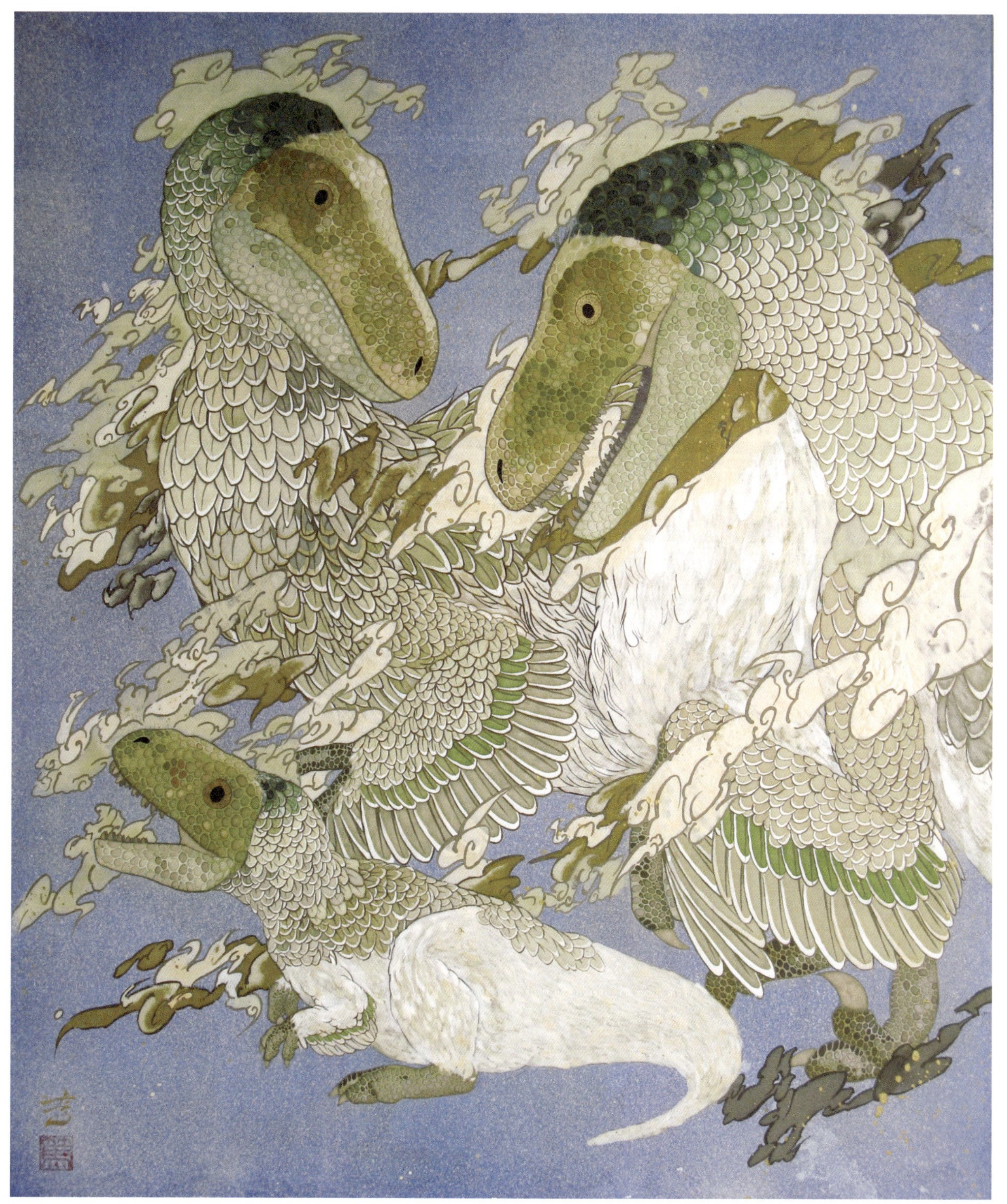

寄る——ヴェロキラプトル

2024年　53.0 × 45.5cm

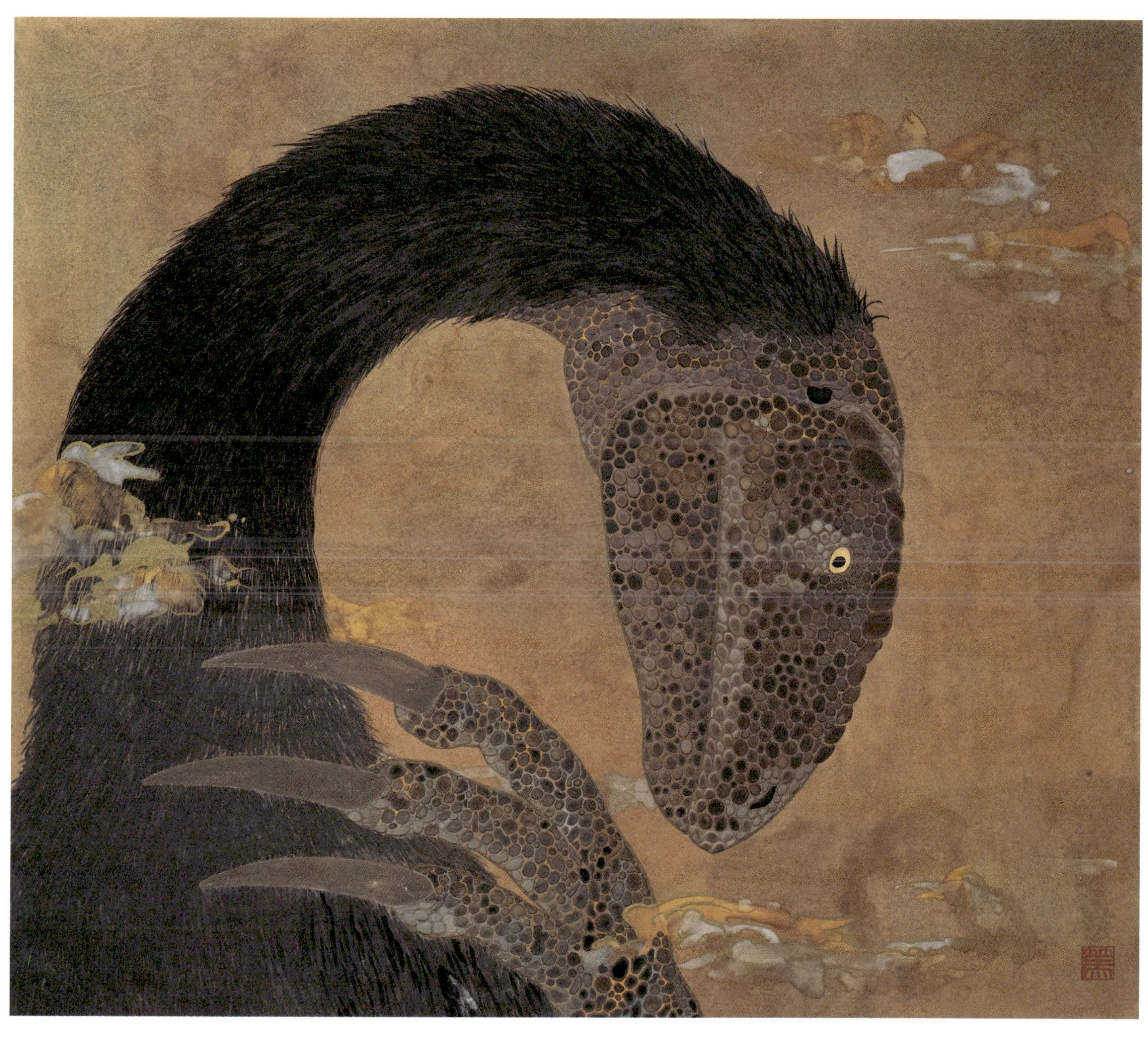

2024年　45.5 × 53.0cm

怪異――テリジノサウルス

ひととき ― ステゴサウルス

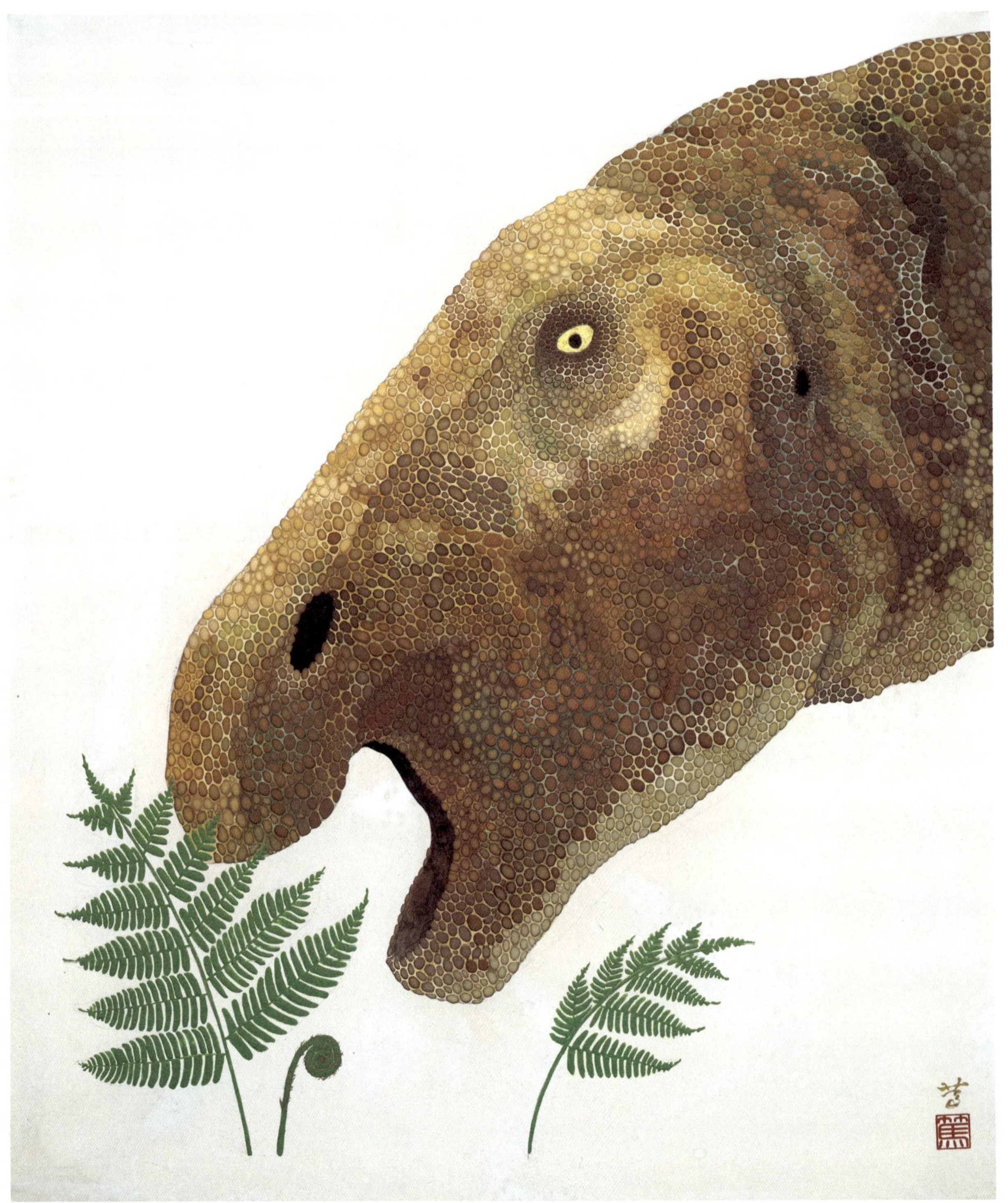

2023年　53.0 × 45.5cm

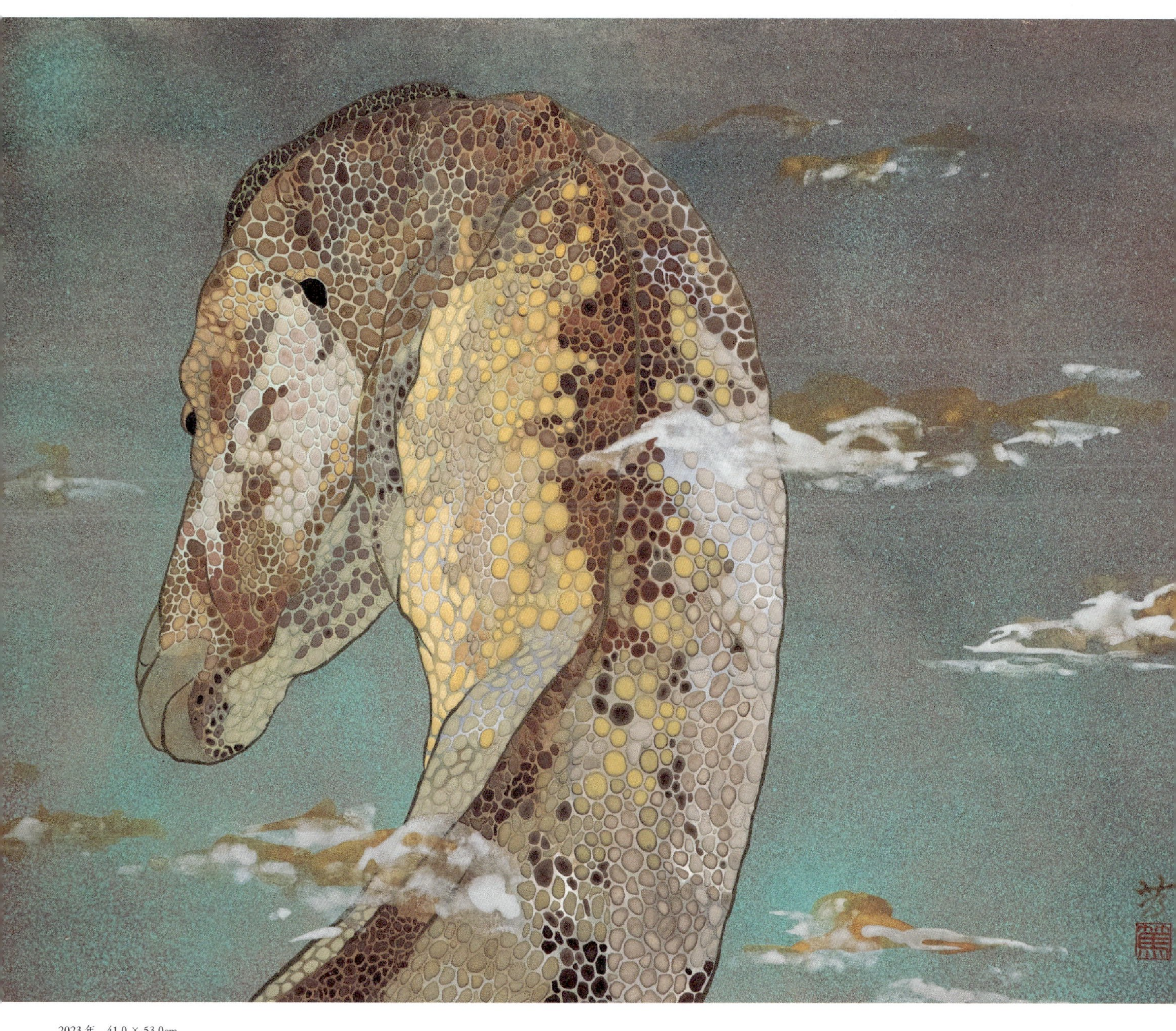

2023年　41.0 × 53.0cm

恋慕 ― マイアサウラ

火点し頃―ステゴサウルス

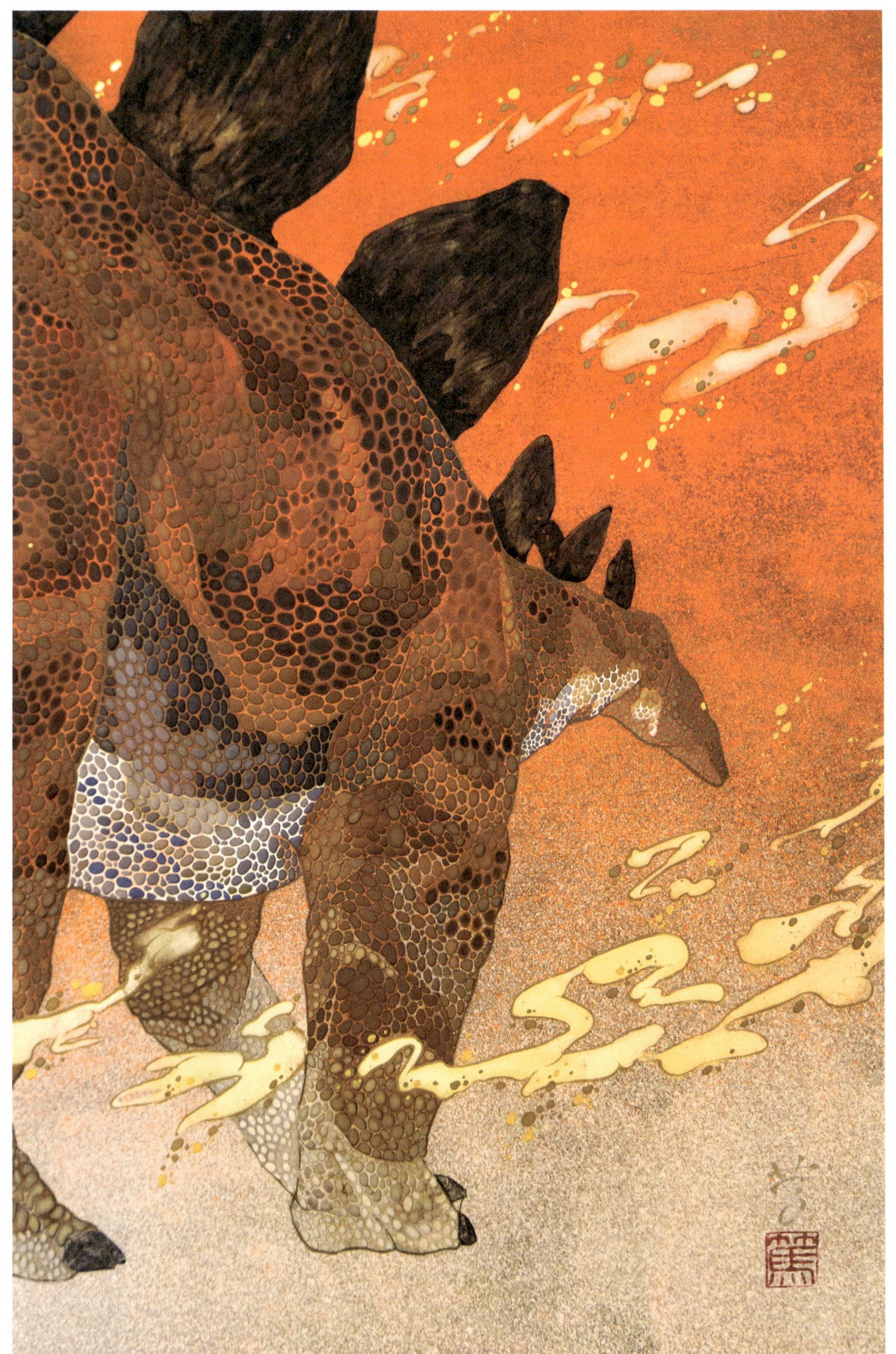

2024年　53.0 × 41.0cm

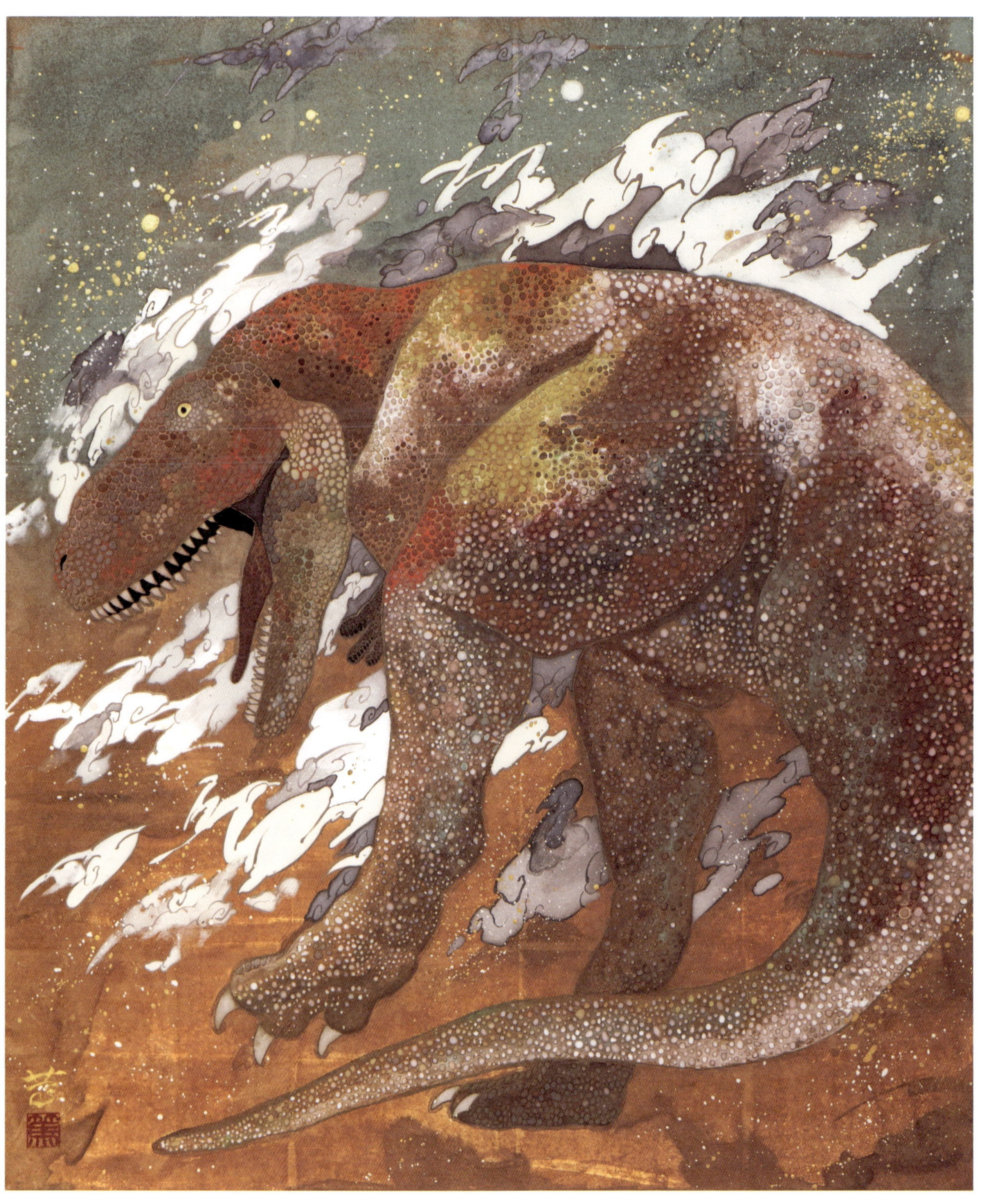

竜鳴――メガロサウルス

2024年　53.0 × 45.5cm

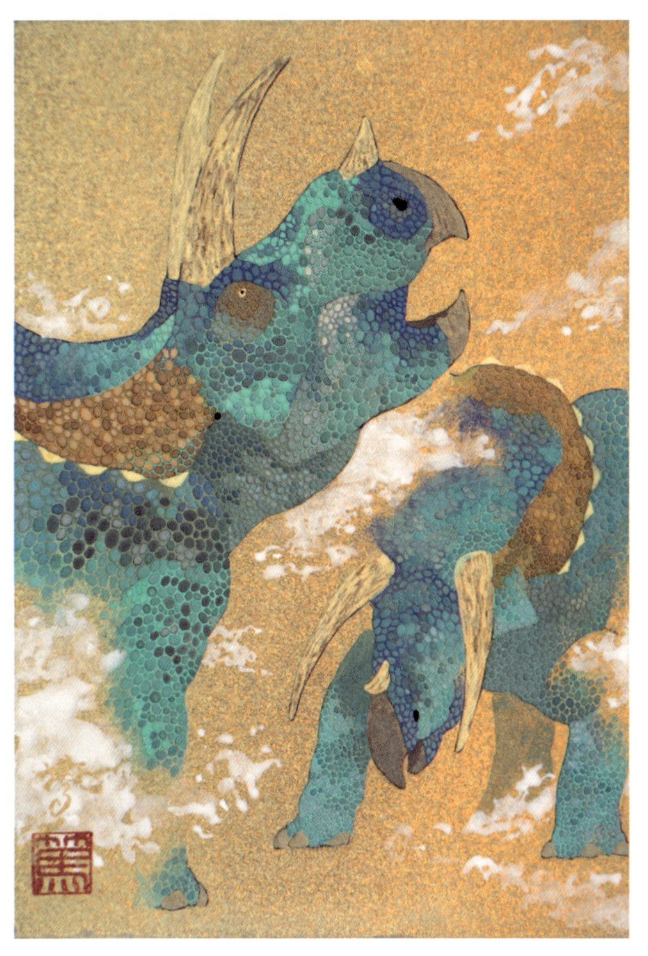

2025年　22.7 × 15.8cm

相対 ── トリケラトプス

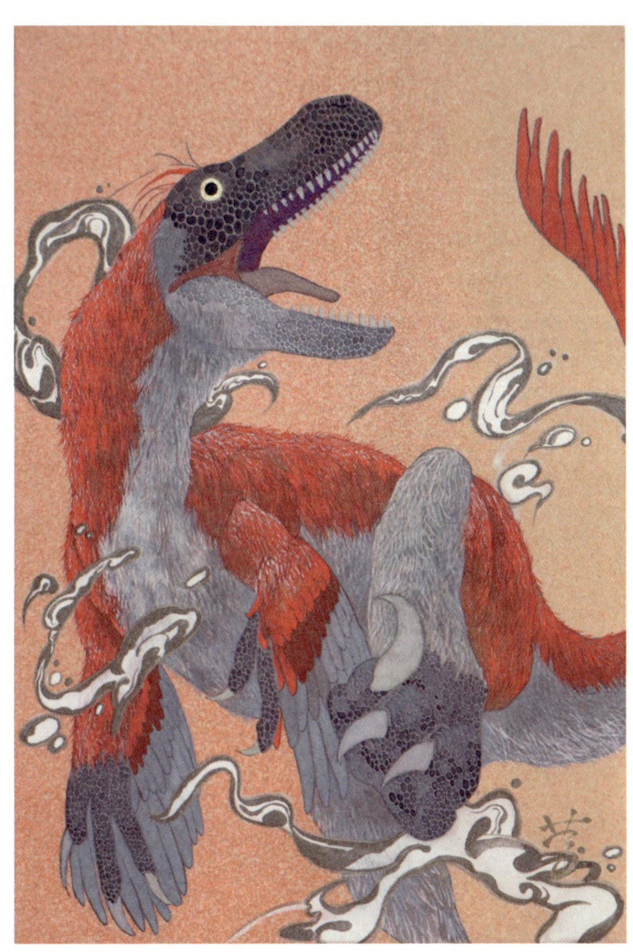

2024年　22.7 × 16.0cm

朗らか ── ピロラプトル

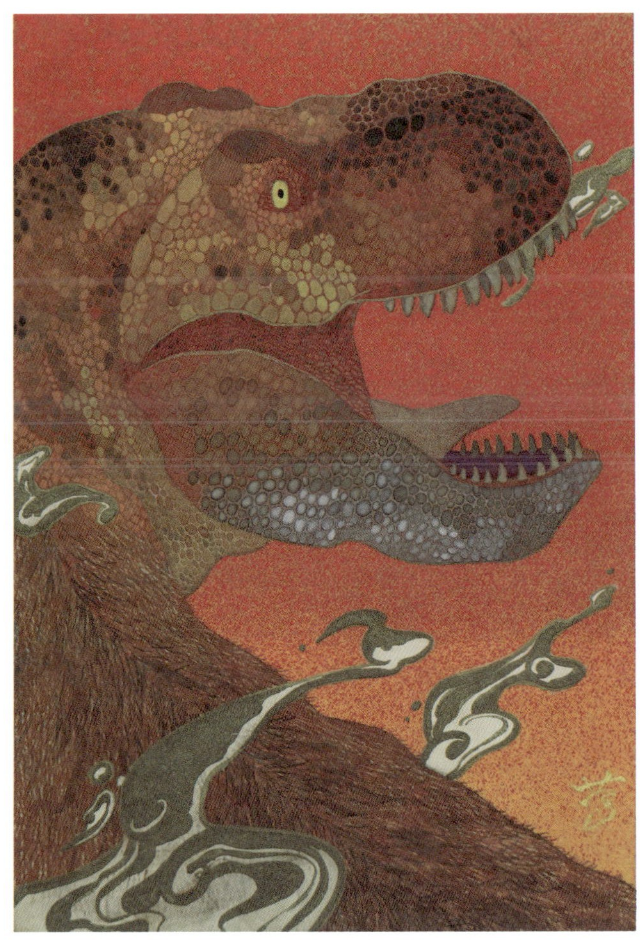

2024年　22.7 × 16.0cm

風雅──ティラノサウルス

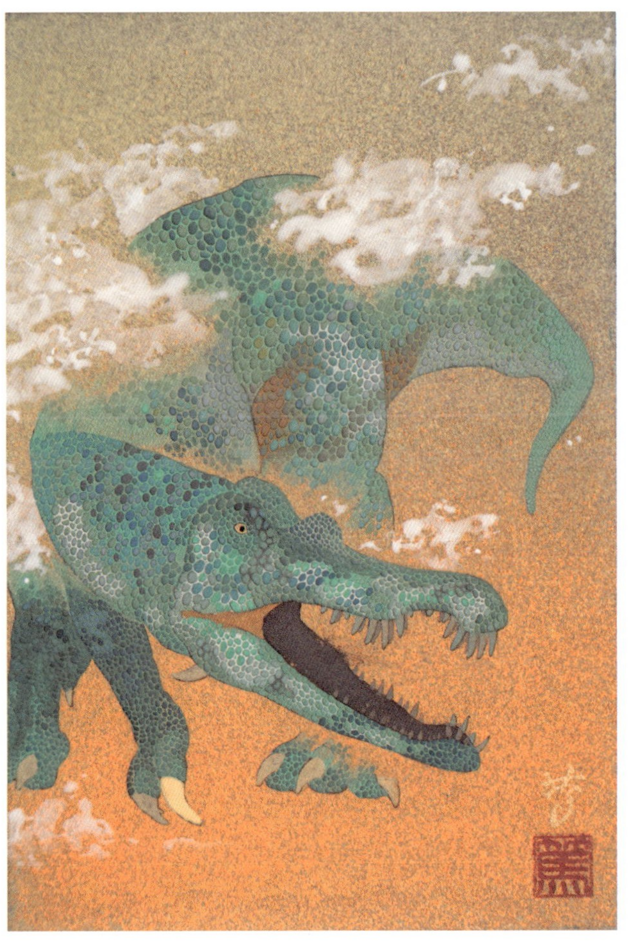

2025年　22.7 × 15.8cm

清夏──スコミムス

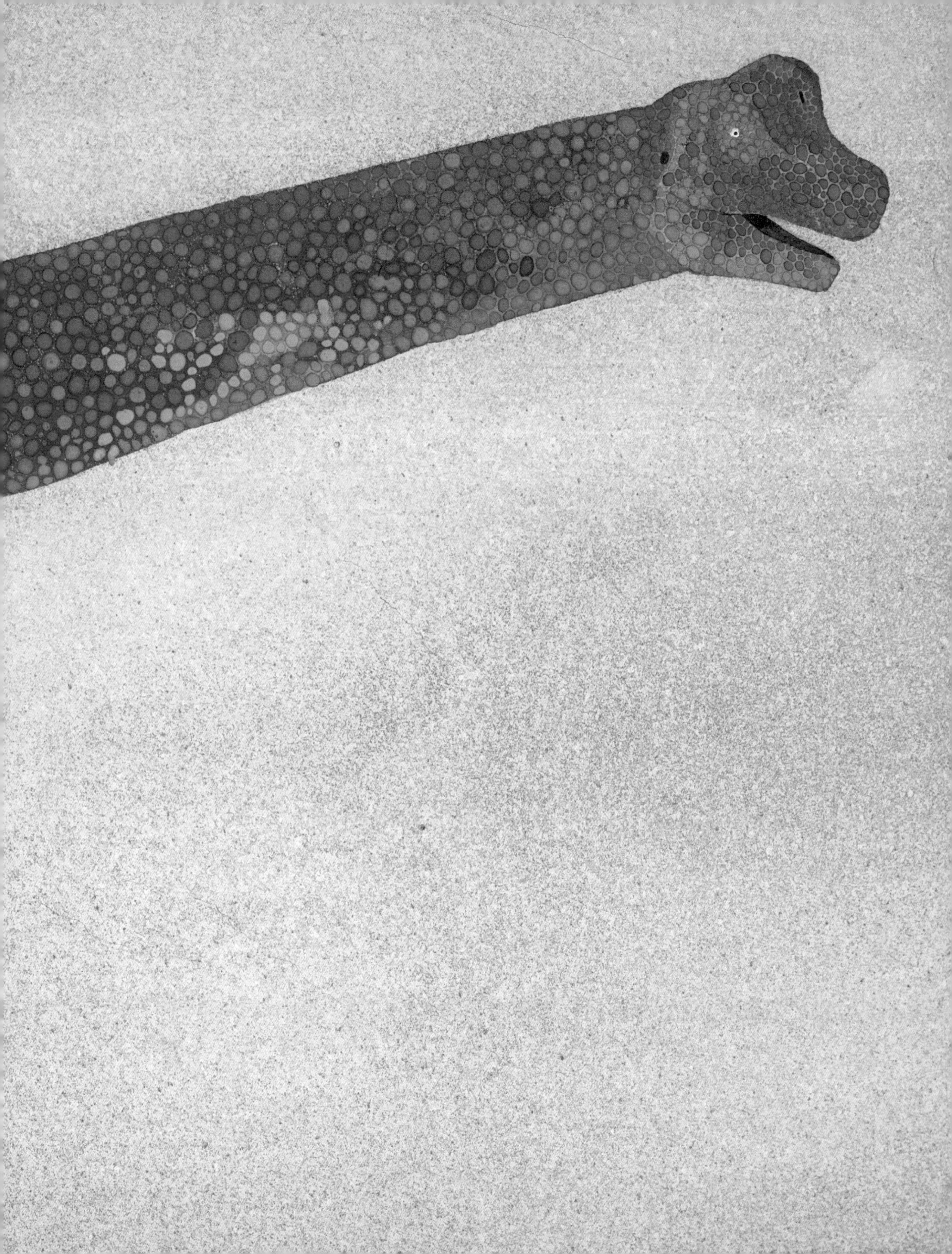

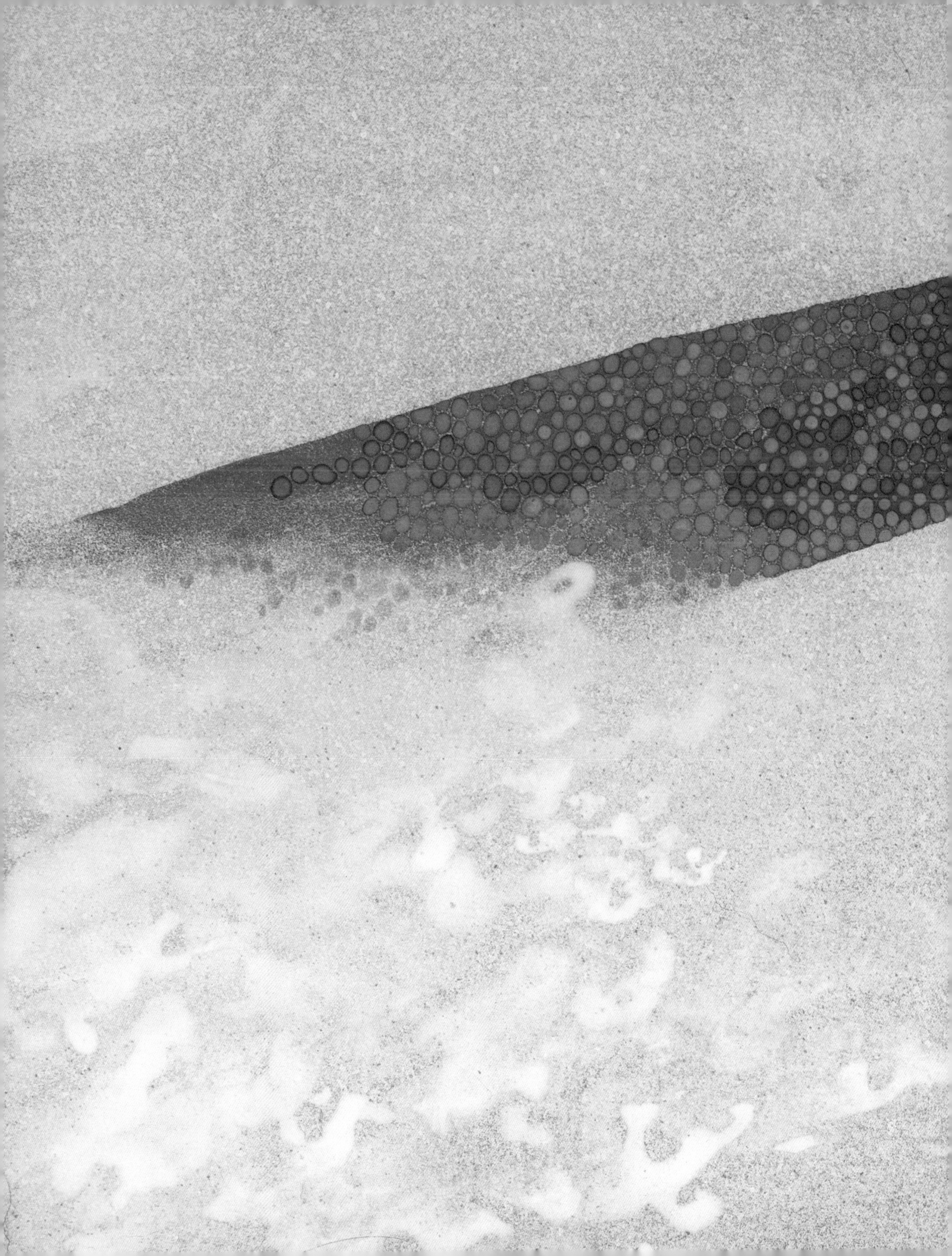

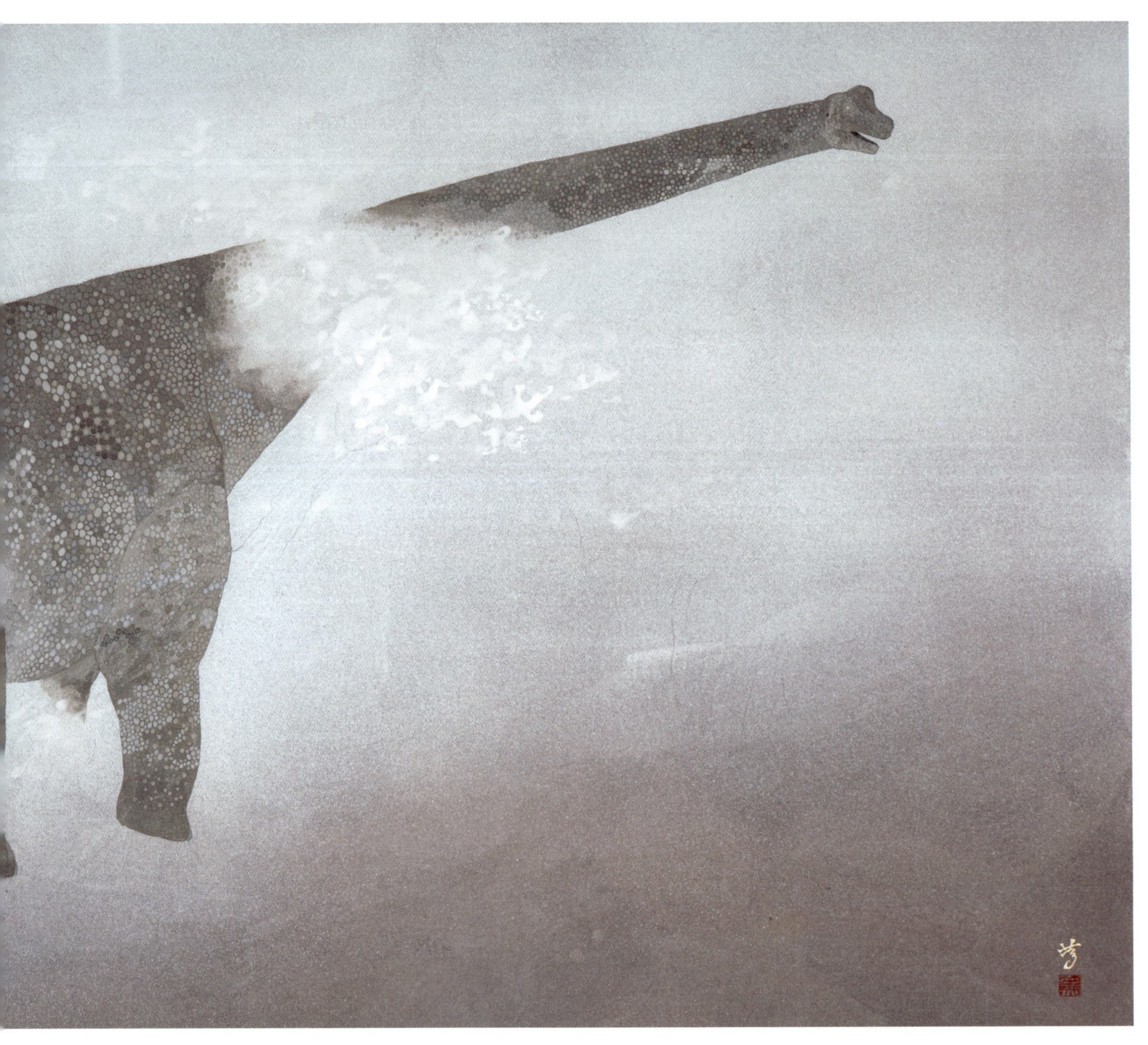

2025年　71.5 × 170.0cm

拍動 ― ブラキオサウルス

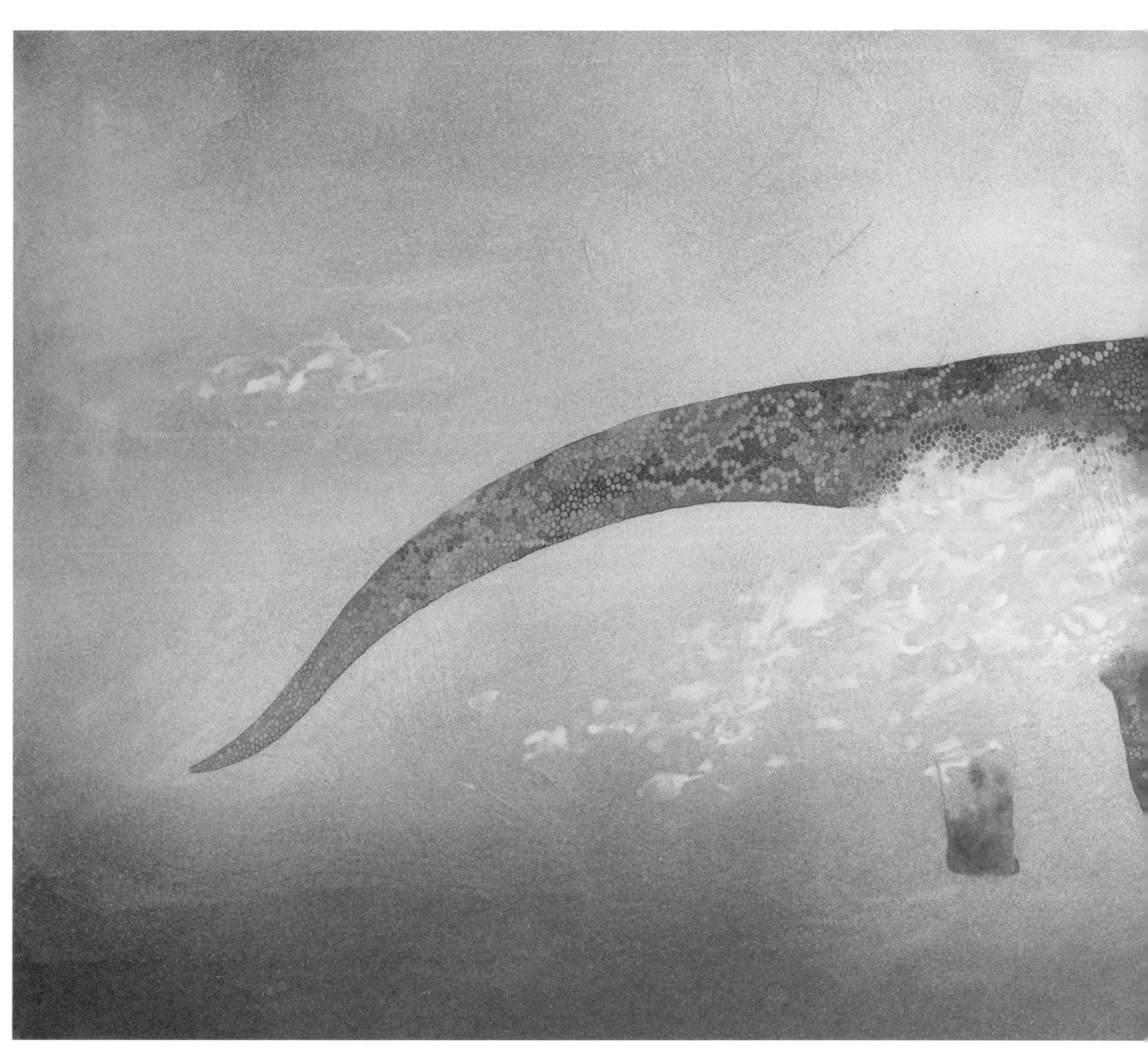

起り — セントロサウルス

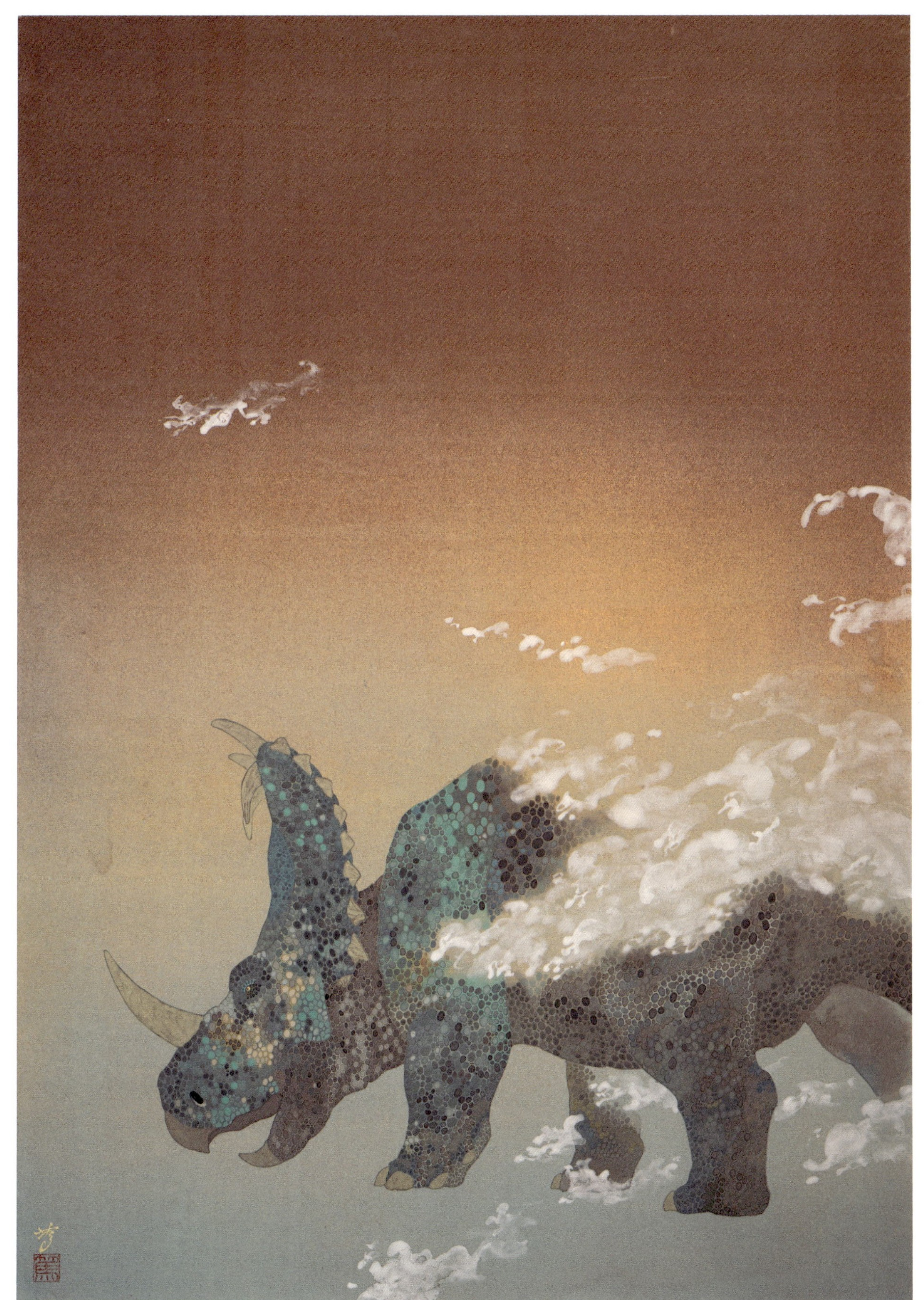

2025年　72.7 × 60.6cm

「これまでに見たことのない絵です！」――
「恐竜日本画」についてそんな感想をいただくことがあります。
自分にとって、これほど嬉しい言葉はありません。

恐竜のフォルムを借りて、いかに魅力的な画面を生み出せるか。
そしてそれが、かつてない感興を呼びおこすものであるか。
自分の制作はつまるところ、その探究だと思っています。

少しずつ、理想に技術が追いついてきている手応えがあります。
描いているそばから新たに描きたいものが湧いてきます。
「恐竜日本画」の制作は、尽きることがありません。

水島篤　三十問三十答

問　日本画家を志した理由は？

実は初めから日本画家を志していたわけではありません。ただ、日本画には写生の伝統があり、対象をきちんと描写することを重視します。その方向性が自分の制作と合っていたのだと思います。

問　日本画の美点はどんなところにあると思いますか？

「間」によって生まれる、観る者の想像力を反映できる空間感。岩絵具ならではの、煌びやかでありながらも落ち着いた色彩。それらの相乗によって、画面の情報量は多くても、心地よいヌケ感が画面に生まれることでしょうか。岩絵具の色彩は、その原料となった鉱石が内包する幾百万、幾千万、幾億年の大地の歴史の結晶です。それを用いることに、恐竜というはるか太古の存在を描く必然を感じています。

問　恐竜日本画を描こうと思ったきっかけは？

大学三年生の時に、恐竜をテーマにしたとあるモバイルゲームにハマったことです。AR（拡張現実）によってゲーム内の恐竜たちを現実の景色に重ね合わせることができるので、街中に現れた彼らの大きさとか存在感とかに、めちゃくちゃリアリティを感じました。こういうことを自分なりの方法でやってみたい！　と思って。それなら日本画ならではの物質感の強さを活かすことで、実在感のある恐竜が描けるのでは、と考えたんです。

問　恐竜日本画を続けていこうと決めたのはいつですか？

日本画で恐竜を描くようになってから三年ほど後でしょうか。しばらくは恐竜モチーフ以外の作品も描いていて、グループ展などでテーマに応じて人物や花の作品も発表していたんですが、やっぱり惹かれなかったんです。だったら自分は、過去誰も手がけてこなかった恐竜専門の日本画家として自分の制作を確立させていこう、と考えました。

問　恐竜に惹かれるようになったのはいつからですか？

恐竜に惹かれるようになったのは、やはりモバイルゲームにハマってからですが、爬虫類自体は子どもの頃から好きで、トカゲの絵とかよく描いていました。思い返してみると、それが現在の制作の素地ですね。

《トカゲの王様》　27.0×38.0cm　小学5年生の時に描いた作品

問　恐竜のどんなところに惹かれますか？

巨大な体でありながら複雑なフォルムを持っているところです。現生生物で巨大な体を持つもの、例えばクジラとかゾウとかのフォルムは比較的シンプルじゃないですか。それに比べると、恐竜は造形的な見どころが多いし、種類も多いのでバリエーションが豊かなのも魅力ですよね。

問　特に好きな恐竜は何ですか？

やはりティラノサウルスですね！　まさに、ザ・恐竜。大きい、強い、カッコいい。あとは、ギガノトサウルスとかアロサウルスとかゴルゴサウルスとか……やっぱり獣脚類系に惹かれちゃいますね。あ、でもトリケラトプスをはじめ、ディアブロケラトプスとかスティラコサウルスとか、角竜のトゲトゲのバリエーションの多彩さも好きです。中二っぽい好みといわれればそれまでですが（笑）

問　これまで見た中で特に好きな恐竜の化石は何ですか？

化石として惹かれるのは、ズールやアンキロサウルスなどの鎧竜です。鎧竜は背中の皮骨のおかげで、構造やフォルムが細部までよくわかるので、取材していて楽しいです。中でも長崎市恐竜博物館のピナコサウルスの化石標本は、サイズはやや小さめなんですけど、その分全体のバランスまで明確に把握しながら楽しめるので、特に好きです。

問　モチーフを選ぶ時にどのようなことを考えますか？

シルエットの良し悪しを重視しています。実は恐竜って、魅力的なフォルムにできるパターンが意外と少なくて、特に頭部、さらに目まできちんと描こうと思うとすごく限られてくるんです。そんな中でスピノサウルスは、そもそも造形的に面白いのと、半水棲なので重力から解放された姿も描けるので、自由度が高くて好きなモチーフです。

問　恐竜を描くためにどんな取材をしていますか？

化石や骨格標本をよく見るのは当然ですが、現生爬虫類の観察、写生をよく行います。特に参考になるのはイグアナ類で、動物園でよく取材します。伊豆にあるiZoo（静岡県賀茂郡）は、多彩なイグアナ類をはじめ世界中の珍しい爬虫類が見れて、園内のいたるところに放し飼いになっていたりもするので、とても楽しい取材先です。あと、ピンポイントですがサンシャイン水族館（東京都豊島区）のフィリピンホカケトカゲは、尻尾とかもろスピノサウルス

感があってたまらないです（笑）

爬虫類だけでなく、鳥類の取材もとても役立ちます。ダチョウやヒクイドリなどは恐竜からの進化が如実に感じられて、特に脚などを見ていると獣脚類ってこうだったんだろうなぁ、と思えてとても参考になります。また、ハシビロコウとかクチバシが特徴的な鳥からも、オヴィラプトルとかサウロロフスとかトリケラトプスとかの口元を考察するヒントをもらっています。

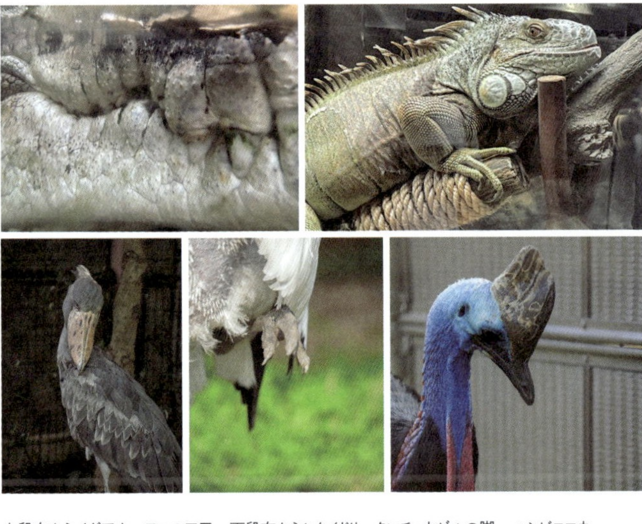

上段右からイグアナ、ワニの口元　下段右からヒクイドリ、タンチョウヅルの脚、ハシビロコウ
取材時に撮影した動物たちの一部

問　恐竜日本画のために大事にしている岩絵具は？

日本画では、主に鉱石などを粒子状にした岩絵具を用います。それを膠液に溶いて画面に定着させていきます。

岩絵具には大きく分けて、自然物の鉱石などを砕いた「天然岩絵具」と、色ガラスなど人工物由来の「新岩絵具」があります。前者を使って恐竜を描く必然性については前述したとおりですが、現代の材料である後者を使うことも、「この時代だからこそ蘇ることができた恐竜」という意味合いを持たせる意味でも大事だと思っています。

岩絵具には数え切れないほどの色がありますが、恐竜のウロコを描く上で特に大事にしているのは、主に8種類です。

[天然岩絵具] 岩肌／岩黒／素鼠／枝葉色
[新岩絵具] 錆茶／緑青／岩樺／黒群青

これらに加えて、恐竜のウロコを盛り上げるための下地として盛上胡粉も欠かせません、これは牡蠣の貝殻が原料です。

下地材

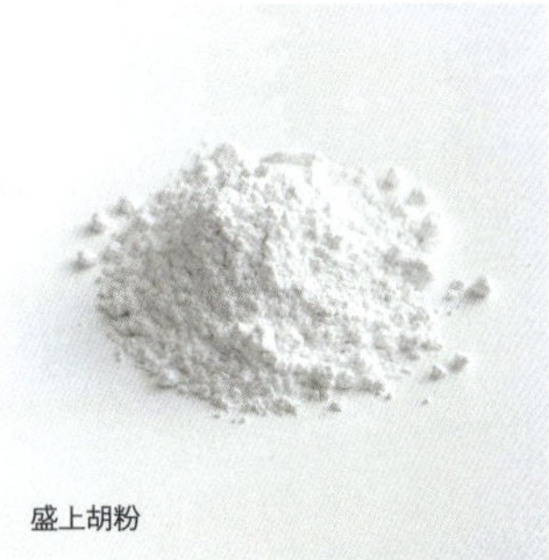

盛上胡粉

新岩絵具

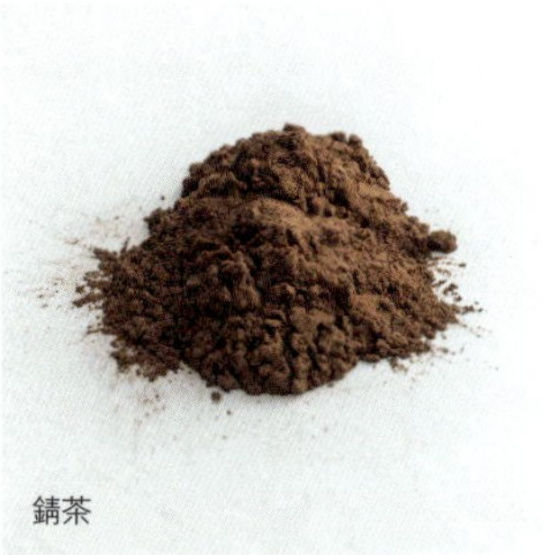

錆茶

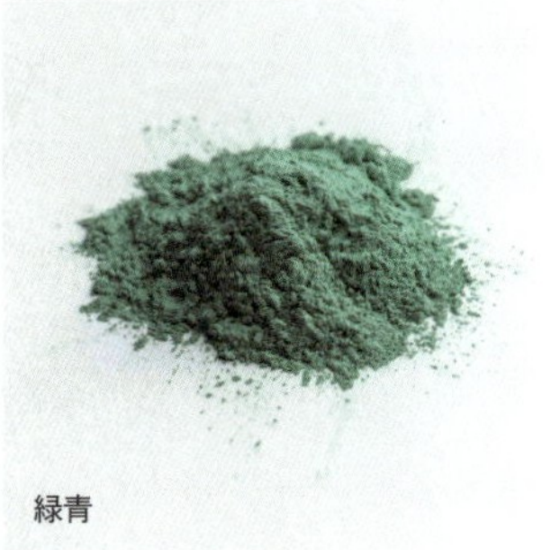

緑青

岩樺

黒群青

天然岩絵具

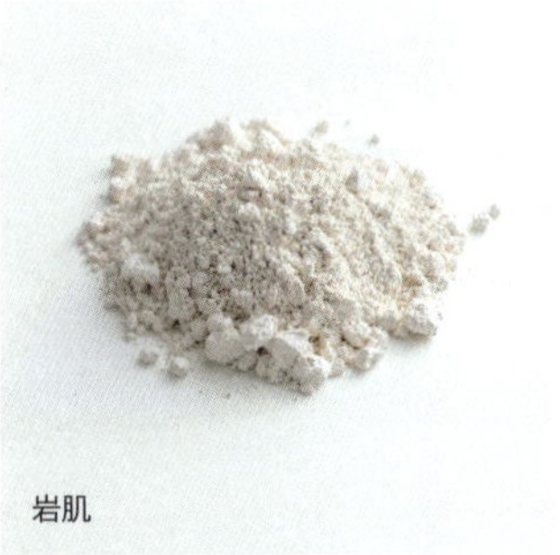

岩肌

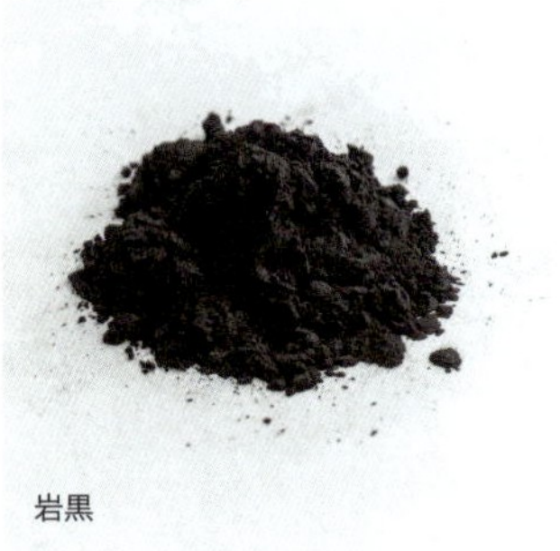

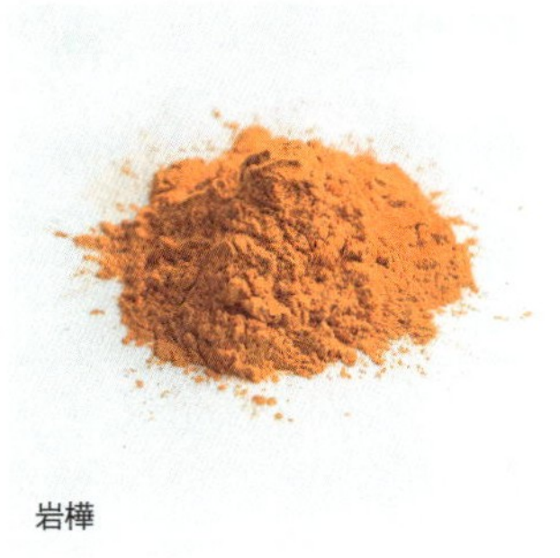

岩黒

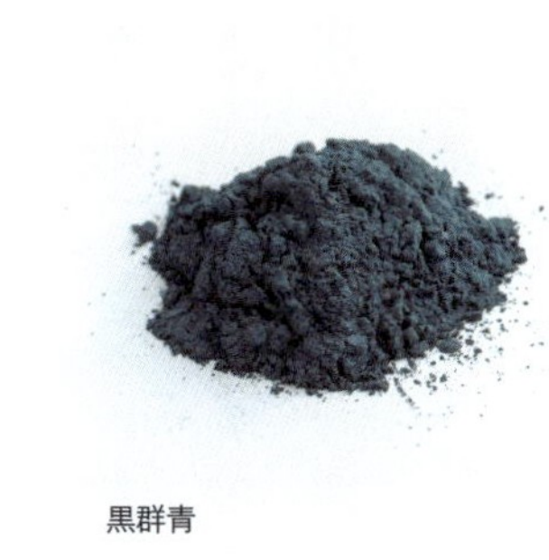

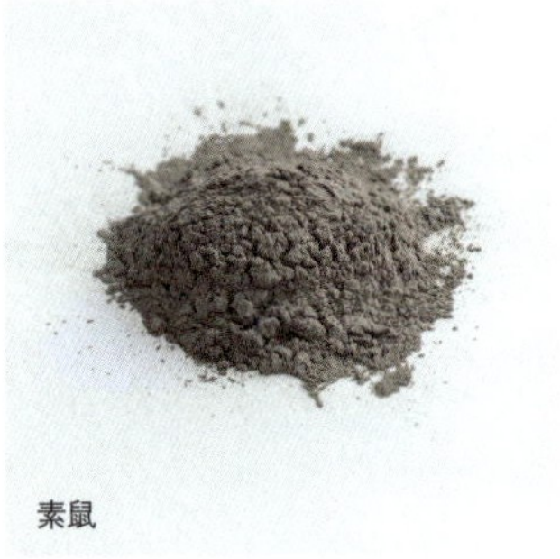

素鼠

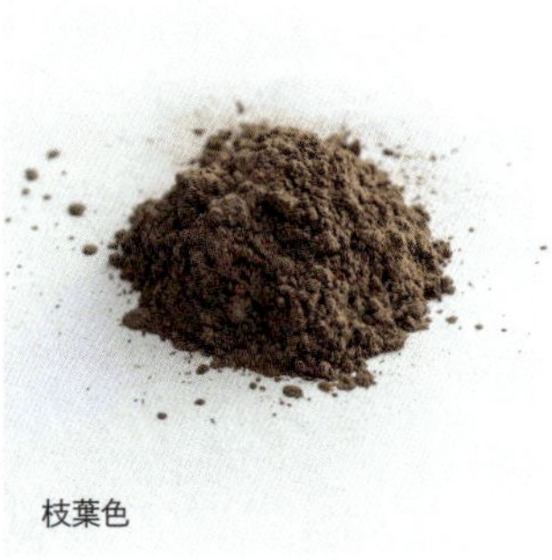

枝葉色

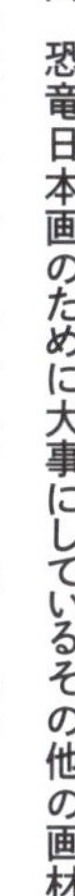

問　恐竜日本画のために大事にしているその他の画材は？

前述の通り、岩絵具を溶いて画面に接着させるための膠は必須です。膠は動物の皮膚や骨から抽出される、天然の接着剤です。画材店には固形のものも液状のものもありますが、自分は粒膠を湯煎して使っています。

雲肌麻紙もオーソドックスだけどとても大事な画材です。麻と楮を原料に漉かれた厚みがある丈夫な紙で、筆運びの良さ、発色の良さなどの点でも、これが一番使いやすいです。

金を超極薄にのばした金箔も、画面に華やぎを与えるために重宝します。画面に表情を加えたい時は虹彩箔も使います。こちらは銀をベースに着色して模様をつけたものです。

右から粒膠、雲肌麻紙、金箔と虹彩箔

「粒膠は世界堂のものが扱いやすくて個人的に好きです。雲肌麻紙はやや薄口のものを使っています。箔は上野にある日本画材の老舗・金開堂の取扱いのものです（水島）」

問　恐竜日本画のために大事にしている道具は？

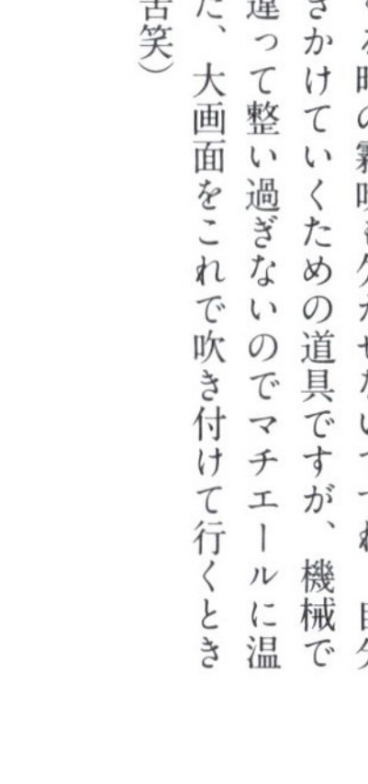

狼狸面相筆の中規格のものです。ウロコを描く上で一番使う筆で、絵具の含みが良く、かつ筆先が利きます。自分の作品の特長でもある恐竜のウロコの表現は、この筆なしでできません。ほとんどのウロコはこの筆でカバーできますが、大きめのものを描く時は松枝という中国製の筆、細かいものを描く時はINTERLON417の2/0号を使っています。

それと背景をつくる時の霧吹も欠かせないですね。自分の吐息で絵具を吹きかけていくための道具ですが、機械で吹き付けるのとは違って整い過ぎないのでマチエールに温かみがでます。ただ、大画面をこれで吹き付けて行くときは酸欠必至です（苦笑）

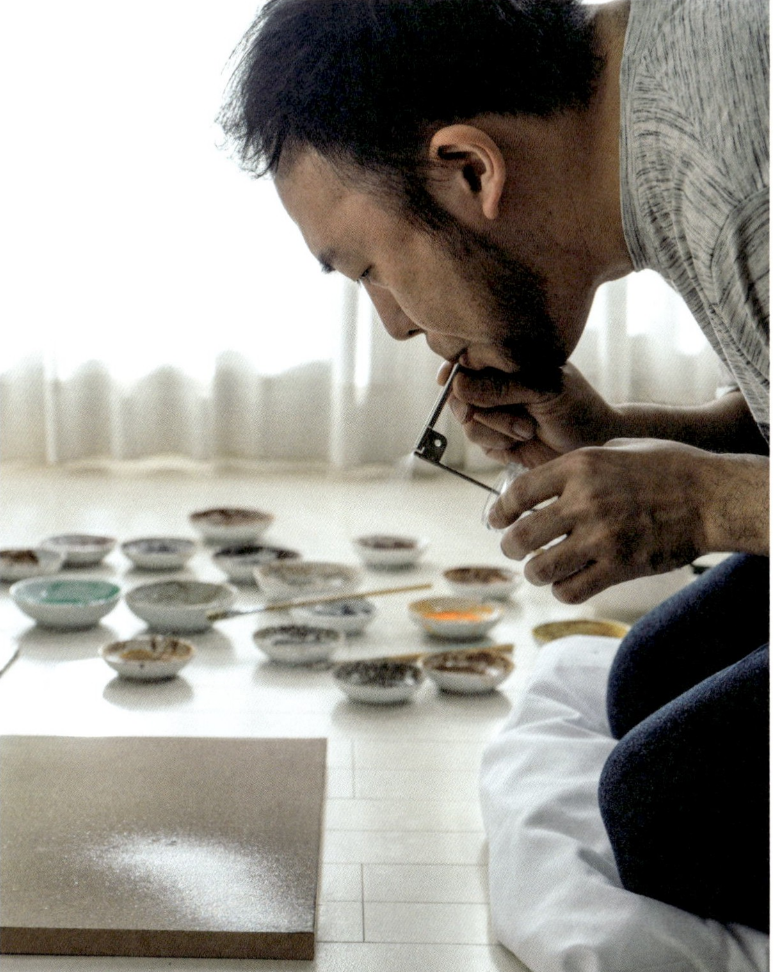

霧吹で画面に岩絵具を吹きつけ、背景をつくっていく

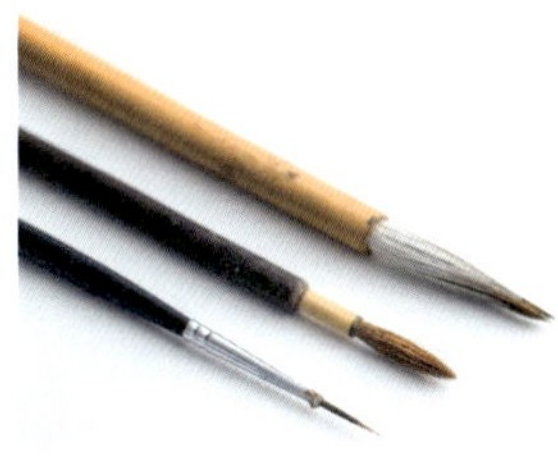

上から松枝、狼狸面相筆、INTERLON417

問　制作手順を教えてください。

大きく分けて次の通りです。
①下図—実際の画面サイズに合わせた線描を描きます。
②背景塗り—霧吹きなどで画面を彩色して、背景を決めていきます。
③転写—出来上がった背景に下図を転写します。
④骨描き—墨で輪郭線をひいていきます。「骨描き」の呼称は絵の骨格となる行程であることからです。
⑤下地塗り—恐竜の各部をおおまかに彩色していきます。
⑥盛り上げ—下地の上に何百、何千と細かく岩絵具を盛り上げ、ウロコを表現していきます。描き方については後述します。
⑦彩色、仕上げ—細かい彩色や雲などの意匠を加えていきます。ちなみに、日本画の雲の表現は「すやり霞」と言って、時間や空間が移り変わり場面転換することを意味します。

問　ウロコの表現はどうやっているのですか？

シンプルに言うと、①縁取って、②盛り上げる、です。画面に直接岩絵具をのせる時もあるし、胡粉で同様の工程を行ってから岩絵具をのせる時もあり、作品によって行程は多少変わりますが、根本は同じです。
盛り上げる時のコツは岩絵具の粒子を筆にたっぷり含ませることです。逆に水分を多く含ませてしまうと絵具が流れてしまうので、注意が必要です。

問　ウロコを描いている時はどんな気持ちですか？

そうですね……割と無心というか。次にどの色をのせよう、とか、次はこのエリアを埋めていこう、とか、あまり難しいことは考えずにひたすら進めていく感じです。やることがはっきりしていて、作業に集中できる時間は、意外と気持ちよくもあります。

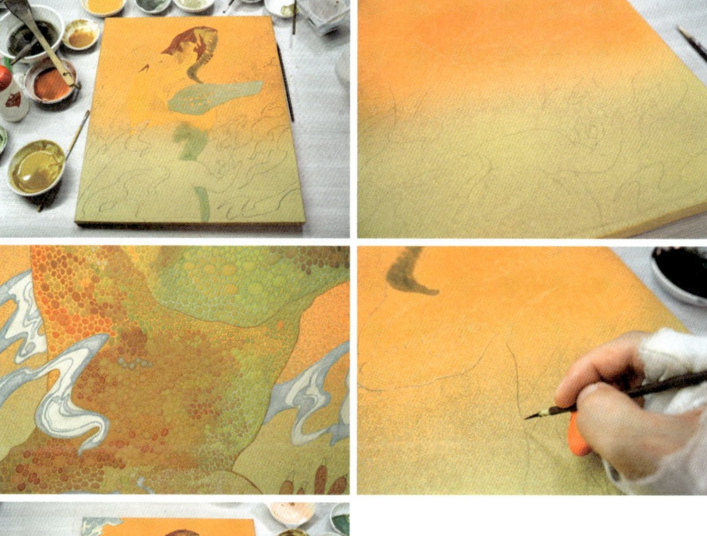

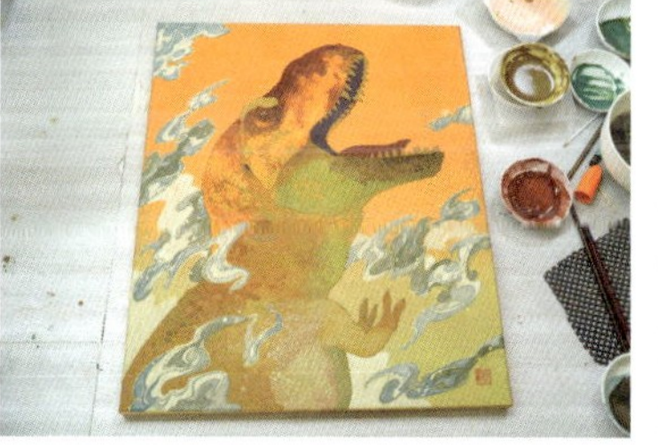

右上　背景に下図を転写したところ（③）
右下　転写した輪郭線に墨で骨描きしていく（④）
左上　下地塗りの途中段階（⑤）
左中　盛り上げでウロコを描いていく（⑥）
左下　細部の彩色を進め雲などの意匠を加えて完成（⑦）

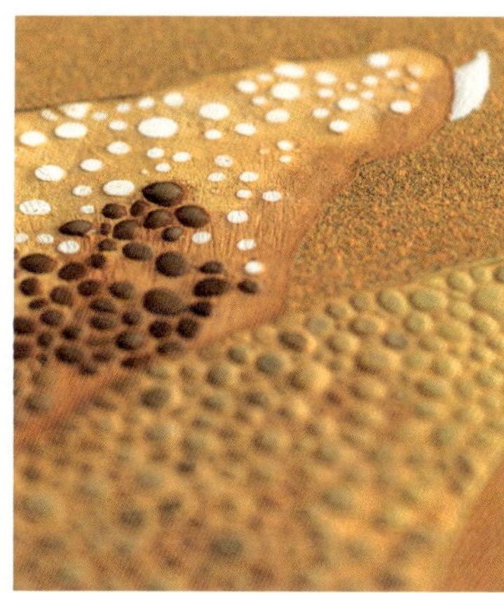

盛上胡粉で作った下地（写真上部の白斑部分）の上に岩絵具をのせることもある

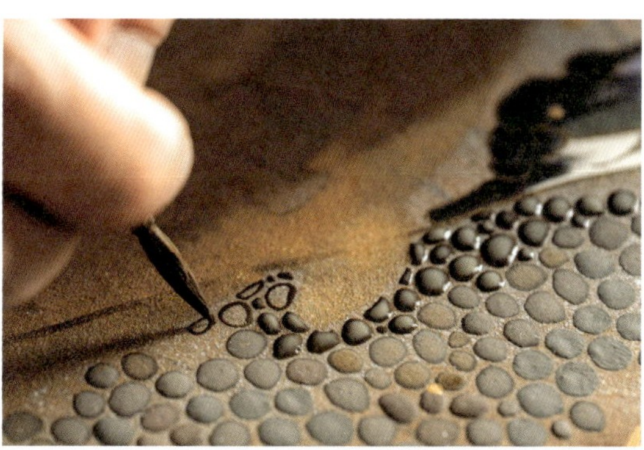

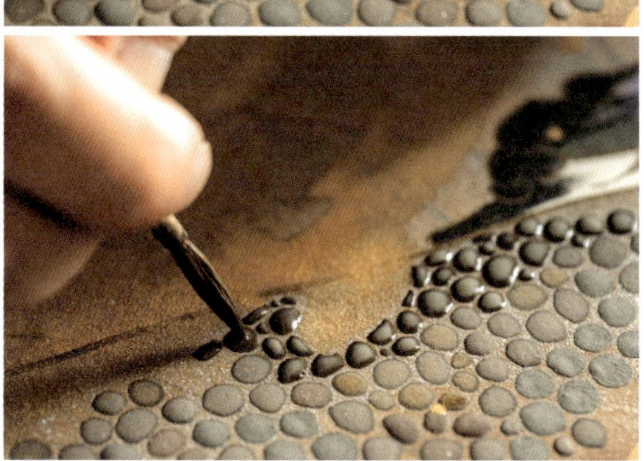

①縁取って、②盛り上げる、をひたすら繰り返してウロコを描いていく

問　一点描くのにどれくらい時間がかかりますか？

平均すると十号大一点につき一週間くらいでしょうか。だいたい並行して二〜三点を制作します。

問　描いていて特に楽しい恐竜はなんですか？

やはりティラノサウルスです。でも前述したとおり、スピノサウルスも自由度が高くて楽しいですし、トリケラトプスなどには角やくちばしの質感の違いを描き分ける面白さがあるし、羽毛恐竜たちもウロコを描くのとは違う表現の方向性があるし……結局、全部ですね（笑）

問　制作の土台になっていると思うことは何ですか？

自分は東京藝大に入学するまで六浪しているんですが、最初の三年は大手の美術予備校ではなくて、地元の小規模のところで学んでいました。そこには日本画専門の教室もなかったんですが、ないならないなりに、どうやったら思い描く理想を実現できるか、考えて、試して、失敗したら工夫して、をひたすら繰り返す習慣がつきました。また、それによって諦めずに泥臭くやりきっていく姿勢が骨身に叩き込まれたとも思っています。

効率よく最短距離で、という今時な感じとは対極な姿勢かもしれません。でも遠回りした分だけ知識も技術も引き出しが増えるし、作家としての土壌は豊かになると思っています。

問　作品に対する反応で特に嬉しかったものは？

「生で作品を見られて良かったです」と言っていただけた時です。ＳＮＳなどの画像で見るのと実物とでは、色彩や質感、立体感、そして迫力が全然違いますね！　と言われると、日本画で制作することを改めて誇らしく思います。あと、「見たことのないタイプの絵です」と言われるのも、かなり嬉しいです。

問　描いていて楽しいと感じるのはどんな時ですか？

グラデーションがきれいに繋がった時です。ウロコを描く時、少しずつ異なる色を混ぜ込んでいきながら色彩の表情を変化させていくんですが、これを自然な感じで、かつ表情が単調にならないようにバランスさせるのが、制作過程で最も気を遣うところです。それだけに、うまくいくとすごく手応えを感じます。今のところ自分史上一番の作品は《曙雲竜図》（110頁参照）です。

問　描いていて苦しいと感じるのはどんな時ですか？

明るい下地の上に明るい色のウロコを描く時です。単純に見づらい。すごく目を凝らすので、疲労するスピードがすごいです。

それと、大量のウロコを長時間描き続けていると、とにかく指が痛い。筆を支える右手の中指に大きいタコができているんですが、指サックなどをしていてもやっぱり痛い。これはもう、画家として生きる限りつきあっていかざるをえない痛みだと思っています。

問　リスペクトしている恐竜系クリエイターはいますか？

ogyharaさんです。恐竜フィギュアの造形作家として世界一だと思っています。何しろ緻密、そして生命感が豊かというか、すごく生きいきしていて、見ていて惚れぼれします。自分が主宰する「日本画と恐竜」展に参加していただいたこともあるのですが、同時代の恐竜クリエイターであることが本当に嬉しいです。

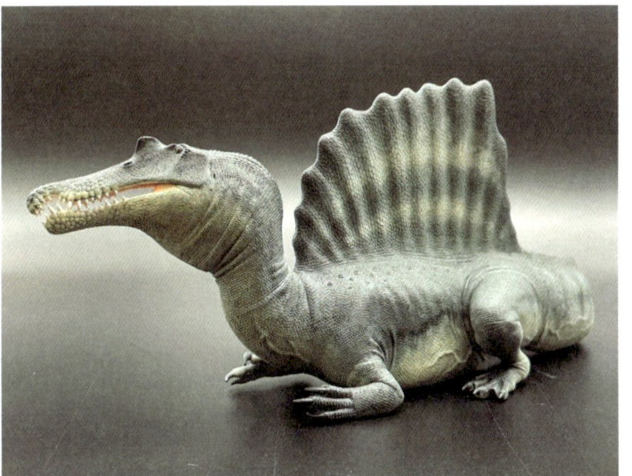

ogyhara　《Spinosaurus aegyptiacus》1/35 スケール
オリジナルのガレージキットは https://kpg.base.ec/ から購入可能

問　お気に入りの恐竜グッズは？

映画「ジュラシックワールド」のティラノサウルスのフィギュアです。グッときつつシュッとした抑揚のあるフォルム、造形のキレの良さ。素晴らしい出来栄えです。

恐竜フィギュアは制作の参考にもなるので、出来の良いものを見つけると入手せずにいられません。大学時代に恐竜にハマり始めて以来、本格的なものからガチャなどの小さなものまで、全部で40体ほど持っています。最近は、中国の本心楠改 Nanmu studio 製のものに注目していて、少し前にカルノタウルスを入手しました。

お気に入りの1/38 ティラノサウルスレックス（「ジュラシックワールド」プライムコレクションフィギュア）

問　恐竜についてのおすすめの本や資料はありますか？

特別おすすめというのはないのですが……福井県立恐竜博物館の展示図録はとてもわかりやすく出来ているので、良いかもですね。

問　恐竜以外で好きなものは何ですか？

「夢現シンクレティズム」です。六人組で二年半活動したアイドルグループです。昔から人を応援する事が好きで良いものはもっと広まってほしいという性分からこういったいわゆる「推し活」にハマっています。

シンクレティズムという名前の通り様々なものを掛け合わせた先に新しいものを創り出すというコンセプトがあります。独自の魅力と実力をしっかり備えたメンバーが揃い、楽曲のクオリティも高く特徴的で、一言で表すと〝面白い〟グループでした。エンタメの世界では技術の高さは前提に、それ以上に面白さが重要だと思っています。その意味で他には無い最高のグループでしたが、惜しくも今年三月に解散してしまいました。ただ、メンバーそれぞれの挑戦は続いていますので、ぜひ気にかけていただき、追いかけていただけたら嬉しいです。

あとは写真です。高校時代から好きでクラスのカメラマン的なことをやってたりもしました。当時は皆に気付かれないようにスナップ撮影して、その場の空気感が満ちた画面にすることを大事にしていました。空気感を大事にするのは、現在の制作にも通じますね。

問　制作の気分転換にどんなことをしていますか？

「夢現シンクレティズム」のライブ参戦と写真撮影です。好きなことをするのが一番の気分転換です。

今は何かと忙しくて、起きてる間は絵を描くか、ライブに行くか、写真を撮るしかできていないんですが、時間ができたら一人旅がしたいです。自然を豊かに感じられるところ、そして地球の歴史に思いをはせることができるところで、新たなインスピレーションを得られたら、と思っています。

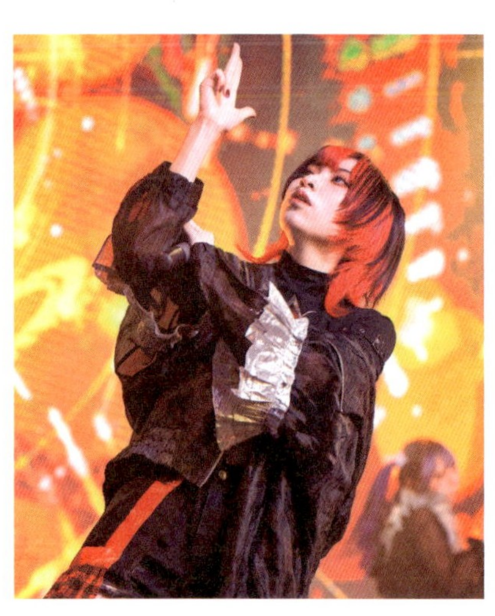

「推し」の「夢現シンクレティズム」宵月ひかるさん。
ライブで撮影したお気に入りの一枚

問　影響を受けた美術家・美術作品は？
それらのどんなところをリスペクトしていますか？

伊藤若冲の《紫陽花双鶏図》です。前述の日本画の魅力が詰まっている絵だと思っていて、シンプルだけど奥行きの豊かな空間感、煌びやかだけど落ち着いた色彩が際立ちます。そしてめちゃくちゃ細密に描かれているのにこの上なくスッキリと見える構成にも唸らされます。

制作への情熱を燃やし続け、唯一無二の境地へと達した若冲の生き方にはリスペクトしかありません。自分もそうありたい、と思っています。

問　美術以外で影響を受けた作家・作品は？
それらのどんなところをリスペクトしていますか？

尾田栄一郎先生の『ONE PIECE』ですね。小学校2年生の時にたまたまテレビで放送されていたアニメ第1話を見たのですが、その時に初めて見たロロノア・ゾロというキャラクターのビジュアルに一目惚れし、以来ずっと一番好きなアニメキャラクターです。人生で一番描いたキャラクターはゾロじゃないでしょうか。ゾロの戦いを何話か模写もしていました。それからずっと漫画を読んでいますが〝面白いものを創る〟という原動力は『ONE PIECE』に貰っていると言えると思います。

ちなみに高校生までは、将来の夢は漫画家でした。話が作れないという事で諦めましたが（笑）

問　今後どんな作品を描いていきたいですか？

大きい作品を描きたいです！　恐竜の魅力のひとつはなんといってもその大きさですから。例えば体長45メートルといわれる最大の恐竜・アルゼンチノサウルスの実物大の作品が描けたら最高ですね（笑）

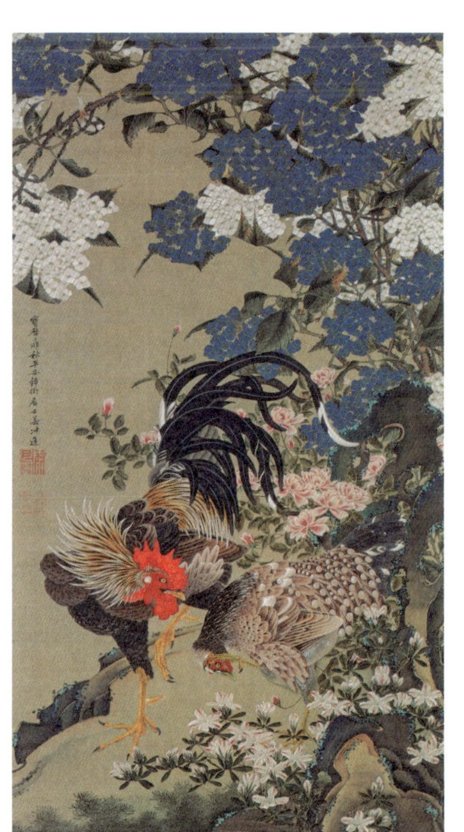

伊藤若冲　《紫陽花双鶏図》　1759年
皇居三の丸尚蔵館蔵

恐竜日本画詳説

獣脚類

ティラノサウルス

Tyrannosaurus

全長：12～13m
食性：肉食
時代：7000万～6600万年前（白亜紀後期）
生息地（発見地）：北米

恐竜の代名詞的存在の大型獣脚類。約15メートルに及ぶ頭部と最長で30センチにもなる歯は他の肉食恐竜と比べてもかなり大きく、噛む力は最大6トンにも達したと考えられる。最新の研究では、その巨体で走ることは難しいため、待ち伏せ型の肉食動物だったのではないか、という説が有力になりつつある。

恐竜界を代表するティラノサウルス。それだけに一番制作点数も多いです。中でも今のところ一番の出来だと思っているのが《曙雲竜図》。ティラノサウルスの魅力をとにかく全面に出す！　ということを念頭に置き、やりたい事をやってみた作品です。暖色を基調とした配色とやや見上げの構図。口を大きく開けた伸びやかな動きで溢れ出るエネルギーを存分に表現しました。金箔の光沢が前に出過ぎないよう削って一段存在感を落とし、そのマチエルで時間の流れを演出しています。

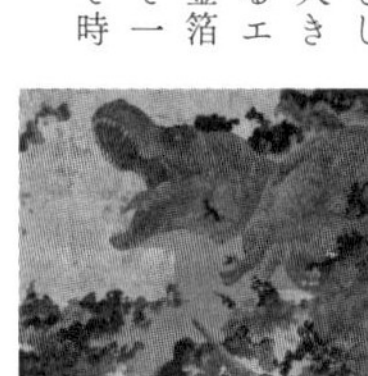

110頁参照

《邂逅―ティラノサウルス》は、思い切り迫力のある画面が描きたい！　と考え、白い雲間から黒いティラノサウルスがこちらをうかがう様子を、１×１ｍのサイズで大首絵のように描きました。この作品で特に印象的な雲は、「すやり霞」という伝統的な意匠で、場面の高低差や時の流れの変化を表現するものです。恐竜の大きさやその種が繁栄した時間の長さを感じさせる上で、とても相性が良いと思っています。

4頁参照

《歌詠み竜―ティラノサウルス》は、恐竜日本画が自分の中で確立されてきたタイミングで取り組んだ作品で、「恐竜に相応しい大画面のものが今なら描けるはず」との思いで取り組みました。もともと大作を描きたい性分ですし、そこにひたすら無数のウロコを描いたり、真鍮泥なども用いて雲の意匠にも絢爛さを出したりなど、とにかくやりたいことを目一杯詰め込んでエネルギーを凝縮させた、気持ちの良い作品です。

9頁参照

《縁起―ティラノサウルス》は、自分が主宰する「日本画と恐竜」展に参加してくださった造形師の方のご縁で、フィギュアなどで有名な海洋堂とのコラボーレションを、というお話をいただき制作しました。立体化される前提で構想する中で、重力から解放されたような全身像で、体をひねって振り返る様子に決めました。江戸時代の錦絵などにある見返り図の柔らかな意匠が源泉です。本作と立体化された作品が並ぶ様子を眺めながら、恐竜日本画の可能性の拡がりに手応えを感じました。

38頁参照

獣脚類

ギガノトサウルス

Giganotosaurus

全長：12～14m
食性：肉食
時代：9600万年前（白亜紀後期）
生息地（発見地）：南米

陸棲では最大級の獣脚類。腹部の大きな突起や、長さ1.9mにも及ぶ大きな頭部などが特徴。頭部の形状から、鋭い歯で獲物を切り裂いていたと推測される。群れで活動し、アルゼンチノサウルスなどの超大型草食恐竜をも捕食していたと考えられている。

普段は細長い画面の作品をあまり描かないのですが、《ゆめうつつ―ギガノトサウルス》では、屛風作品としてそれに思い切り挑戦しようと考えました。体の上部を少しトリミングして逆にスケール感を感じさせたり、右下に余白を存分に作ってみたり、とイメージしたことを全て気持ちよく実現できた作品です。特に後者については、自分が考える日本画ならではの美質、余白による「間」がとても良い形で具現できたと思っています。

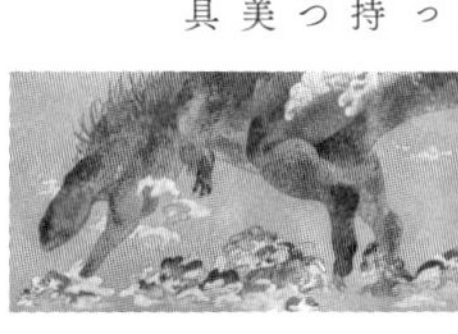

14頁参照

獣脚類

スピノサウルス

Spinosaurus

全長：約15～16m
食性：肉食
時代：1億3500万～9000万年前（白亜紀前期～中期）
生息地（発見地）：アフリカ

ティラノサウルスなどをしのぐ最大級の獣脚類。船の帆のように見える背中の大きな突起と、ワニのような大きな頭部が特徴。長らく陸棲と考えられていたが、近年の研究で、尾がオールのように縦長の形状であることや、後ろ脚の骨の構造などから、水棲恐竜である説が有力になった。

複雑なフォルムを持ちながら巨体であるスピノサウルス。それが水中を自在に移動する様子に想いを馳せると、本当に心が躍ります。《宵―スピノサウルス》はまさにそれを表現できた作品です。鼻先から胴までシンプルで滑らかに繋がる体表のグラデーションはとても気持ちが良いです。また背景には、盛り上げを利用した立体的な効果を組み込み、地層の堆積をイメージさせる空間に出来たことも気に入っています。

68頁参照

獣脚類

ゴルゴサウルス

Gorgosaurus

全長：8～9m
食性：肉食
時代：7600万～6500万年前（白亜紀後期）
生息地（発見地）：北米

ティラノサウルスなどと並ぶ最強の肉食恐竜のひとつ。比較的骨格が細めで軽量であり後足も長いことから、早く走ることができたと推測され、その機動性を活かして数多くの草食恐竜を捕食していたと考えられている。２０２３年の「恐竜博」では、ズールを相手にしたその様子が再現され、話題となった。

国立科学博物館での「恐竜博２０２３」とのコラボレーションとして、展示の目玉である二体の標本をモチーフに描きました。そのうちの一点が《ゴルゴサウルス》です。可能な限りハイクオリティなものにすべく、ウロコの一つ一つまで当時の最大出力で挑みました。特に重点を置いたのは、色彩の変化の多彩さ、繊細さです。補色同士を隣接させたり、グラデーションでゆるやかに繋げたり、岩絵具ならではの発色を最大限活かすことを意識しました。

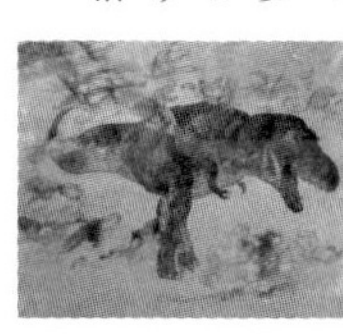

49頁参照

獣脚類

オヴィラプトル

Oviraptor

体長：2m
食性：雑食
時代：7600万年前
（白亜紀後期）
生息地（発見地）：アジア

円形のトサカと歯のないクチバシが特徴の小型獣脚類で、羽毛を持っていた可能性が高く、原始的な鳥に近いと考えられている。発見当初の化石のそばに恐竜の卵の化石があり「別種の巣を狙っていた」と推測されたため、「卵の掠奪者」を意味する名前を与えられたが、現在では卵はオヴィラプトル自身のもので、鳥のように抱卵していた、とする説が有力になっている。

「恐竜日本画の幅を広げたい」と思う中で、動物園でヒクイドリを取材した際に「これはほぼオヴィラプトルだな」と思えたことから、その時の感触をもとに描いたのが《閑雅—オヴィラプトル》です。当時はまだ羽毛の表現を模索中だったのですが、トサカのウロコやクチバシなどとの質感とどう調和させるかを念頭に置くことで方向性を見出しました。以降、これを礎に新たな展開を打ち出すことができ、その意味で重要な作品です。

28頁参照

獣脚類

シノサウロプテリクス

Sinosauropteryx

全長：1m
食性：肉食
時代：1億4400万
～9900万年前
（白亜紀前期）
生息地（発見地）：アジア

1996年に発見された世界初の羽毛恐竜で、恐竜のひとグループが鳥へと進化した有力な証拠となった。羽毛部分のメラニン色素から、黄色や赤色系統の発色があったことなども判明している。小型の獣脚類で、全長に対して尾が長くノコギリ状の歯を持ち、小動物や昆虫などを捕食していたと考えられる。

《契機—シノサウロプテリクス》は、先述のオヴィラプトル作品と同様、異なる質感同士の調和を模索していた時期に描いた作品です。ただ、この作品のポイントは雲の表現についてで、当初は意匠的、様式的な要素に重心を置いていました。でも「恐竜のリアル感とマッチさせるには、雲もまた同様にすべきでは」と考え、ここから少し流動的な表現へシフトしました。本作以降は、この雲の描き方がベースとなっています。

61頁参照

竜脚形類

ブラキオサウルス

Brachiosaurus

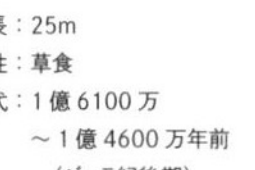

全長：25m
食性：草食
時代：1億6100万
～1億4600万年前
（ジュラ紀後期）
生息地（発見地）：北米、アフリカ

1900年に最初の化石が発見されて以降、長きにわたり最大の恐竜として知られてきたジュラ紀を代表する大型竜脚類。非常に長い首は、持ち上げると高さ十数メートルにも届いたとされ、その高さを活かして高い木の上方の葉や新芽などを食べていたと考えられている。

《拍動—ブラキオサウルス》では、初めて竜脚類の全身図を題材にしました。ずっと首長竜の肌の質感と自分のウロコの描法がマッチしないと思っていたのですが、技術の進化に伴って然るべき表現を見出せたと感じ、思い切って大作を構想しました。首長竜のフォルムは必然的に、いかに余白を活かすか、という課題を突きつけてきます。思い切って「間」をつくることは勇気がいりますが、日本画の真髄への挑戦でもありました。その意味で記念碑的な作品となりました。

94頁参照

竜脚形類

バジャダサウルス

Bajadasaurus

全長：9m
食性：草食
時代：1億4000万年前
（白亜紀前期）
生息地（発見地）：南米

2019年に命名された新種の小型竜脚類。同時期同地域に生息したアマルガサウルスと同様、頸椎から二股の長いトゲ（神経突起）が生えているが、本種ではこれが極端に前方に向かっているのが特徴で、これによって敵を驚かせたり身を守っていたと考えられる。

《往来—バジャダサウルス》は初期の恐竜日本画作品です。「首のトゲを活かした面白いものが描けるはず」「二頭をすれ違わせると複雑で見応えある画面になるのでは」「ウロコとトゲの質感の描き分けもポイントにしたい」「箔をうまく使って日本画らしさを演出したい」……などなどその時考えついたことを詰め込んだ、実験要素の塊みたいな作品です。決して出来は良くないですが、とても思い入れがあります。いずれリブートしたいです。

55頁参照

鳥脚類

ランベオサウルス

Lambeosaurus

体長：10～15m
食性：草食
時代：7700万
～7500万年前
（白亜紀後期）
生息地（発見地）：北米

鳥脚類としては最大級の草食恐竜。長く平たい口吻部をもつカモノハシ竜らしい頭部に、帽子を被っているような独特の形状のトサカが特徴。このトサカは中空で、鼻の穴とつながっており、内部の隙間から音を出すことで仲間とコミュニケーションをとっていたと考えられる。

《荘厳華麗—ランベオサウルス》は、特徴的なトサカのフォルムを活かしたインパクトある造形の中に、下地とウロコとのコントラストをあえて高めたギラギラした色彩を密集させ、外連味の強い画面を生み出したいと考え描きました。自分の制作はつまるところ、恐竜の形を借りていかに魅力的な画面をつくれるか、その探究です。本作の前後でそれが明確に見えてきた感触がありました。制作当時はとにかく面白い画面をつくりたい、という一心であまり難しいことは考えていなかったのですが、後から見直してみて記念碑的な作品であったことを認識しました。

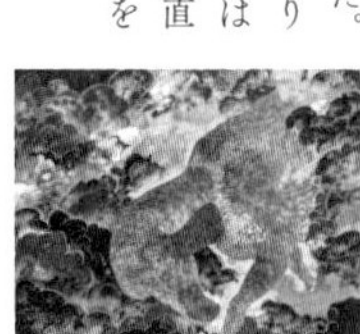

21頁参照

鳥脚類

サウロロフス

Saurolophus

カモノハシ竜の中でも大型の鳥脚類で、大きな尾でバランスをとって二足での歩行もできたと考えられている。頭部のトサカはこの種のほかの多くと異なり中身が詰まっている。一方、鼻から後頭部にかけて皮膚でできた袋を持ち、これを膨らませて鳴き声を増幅したとも言われている。

《曙光—サウロロフス》は、自分の中でレベルが一つ上がった、と思えた作品です。それまでウロコの表現は、基本的には「くっきり、はっきり」でした。でも本作では、湿った空気による光の反射の表現として、脚などの部分は少し霞んだ表情にしています。本来は相性の良くない描き方なのですが、それを成功させたことで無彩色の画面であっても生き生きとした感触を生み出すことができ、それが冒頭のような手応えとなりました。

全長：10～13m
食性：草食
時代：7000万年前
（白亜紀後期）
生息地（発見地）：北米、アジア

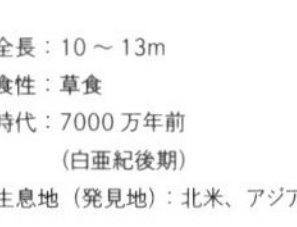

43頁参照

鳥脚類

マイアサウラ

Maiasaura

比較的大型の鳥脚類で、植物食に最適化した数百の頬歯を持つ。その化石が発見された際、すぐ傍に巣と卵、複数の子どもの化石もあり、研究を重ねる中で親が子どもに給餌するなど本格的に子育てを行っていた可能性が高まったことから、「良い母親トカゲ」を意味する名前が与えられた。

全長：8～9m
食性：草食
時代：8000万
～7400万年前
（白亜紀前期）
生息地（発見地）：北米

自分は、生き物の営みの根源には恐竜も現生生物も通底するものがあるはず、と思っています。《恋慕—マイアサウラ》では、キリンを取材して、両者のどこか牧歌的なイメージを重ねあわせています。一見すると、「これがマイアサウラ？」と思われる方もいるかもしれません。でも恐竜日本画家・水島篤ならではのオリジナリティある恐竜をもっと打ち出していきたい、という気持ちもあります。今後はより大胆な展開をしていきたい、と考えているところです。

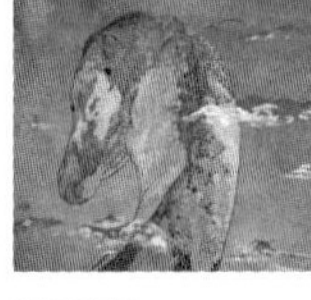

87頁参照

装盾類

ズール

Zuul

2017年に命名された新種の鎧竜。名前の由来は、映画「ゴーストバスターズ」に登場する門の神と頭の形が似ていることから。2014年に初めて発掘された化石は頭骨と尾骨が揃った状態で、北米産のアンキロサウルス類では最も完全な標本となり、2023年の「恐竜博」でも展示の目玉となった。

前述の《ゴルゴサウルス》と対になるのが《ズール》です。前者の色彩の豊かさに対して、こちらは無彩色のモノトーン。しかしその分、鎧竜ならではのトゲトゲの皮骨の質感と、それらがつくるシルエットをいかに魅力的に表現するかに傾注しました。博物館からの詳細な資料のおかげで細部までイメージを鮮明にすることができましたが、一方で、復元図的にならないようフォルムのメリハリなどは意図的に強くして、江戸時代の役者絵的なイメージで描いています。

全長：6m
食性：草食
時代：7600万年前
（白亜紀後期）
生息地（発見地）：北米

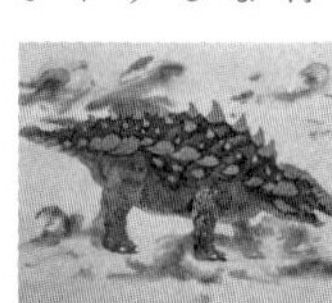

48頁参照

周飾頭類

トリケラトプス

Triceratops

三本の大きな角と上部に張り出したフリル、オウムのようなクチバシが特徴的な角竜で、最もよく知られる草食恐竜のひとつ。目の上の角は最大で1メートルを超え、体も大きく、大型の肉食恐竜でも倒すのは容易ではなかったと推測される。ケラトプス科の角とフリルは多様で、機能や役割などについては数多くの推察がなされている。

全長：9m
食性：草食
時代：7000万
～6600万年前
（白亜紀後期）
生息地（発見地）：北米

《伏す—トリケラトプス》は、特徴的な後頭部のフリルをあえて描かない大胆さが気に入っています。他にも、まどろむような目の表情や、あえて紫を基調にした彩色など、「こんなトリケラトプスは見たことない」というものを目指して描いた作品です。自分の制作の根本には「誰も見たことがないもの、他の人がやったことのないもの、それをやる」というのがあります。小品ですが本作にはその気概が詰まっています。

62頁参照

分類不能

エオラプトル

Eoraptor

現在知られている中で最も原始的な恐竜の一種。大きさはキツネくらい。後ろ脚が長く、軽量で、それまでの爬虫類とは比べ物にならないくらい速く走れたと考えられる。発見当初は肉食の獣脚類と考えられていたが、現在では雑食の竜脚類とする説や、そうした分類以前の存在とする説も。

《千歳—エオラプトル》は、恐竜日本画が充実してきた中で、「そろそろ原始の恐竜も描かなければ」と構想し、そのイメージをストレートに具現した作品です。始祖らしさを醸しだすため、造形はできるだけシンプルにしつつ、その分ウロコの表現でどう勝負するかに注力しました。ひとつひとつの表情にこだわり、下地との色彩のコントラストの強弱のバランスまで心を砕き、繊細な表情をつくり出しました。

体長：1m
食性：雑食
時代：2億3000万
～2億2800万年前
（三畳紀後期）
生息地（発見地）：南米

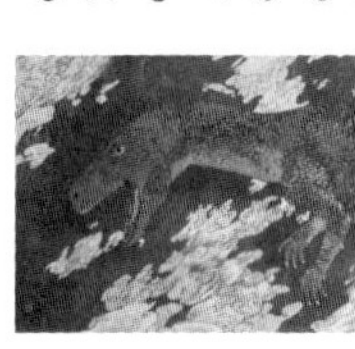

24頁参照

掲載作品リスト

頁	作品名	制作年	サイズ／タテ×ヨコ（cm）	所蔵
4	邂逅—ティラノサウルス	二〇二一	一〇〇・〇×一〇〇・〇	個人蔵
9	歌詠み竜—ティラノサウルス	二〇二四	一六二・〇×一一二・〇	
14	ゆめうつつ—ギガノトサウルス	二〇二三	五七・五×一七二・五	個人蔵
17	往古来今—カルノタウルス	二〇二二	一一六・七×九一・〇	個人蔵
18	晩方—メガラプトル	二〇二四	五三・〇×六五・二	個人蔵
20	鷹揚—トリケラトプス	二〇二四	三三・三×二二・〇	個人蔵
21	荘厳華麗—ランベオサウルス	二〇二二	四一・〇×三一・八	個人蔵
22	夕影—オウラノサウルス	二〇二五	四五・五×三八・〇	
23	洒落—ケラトサウルス	二〇二二	四一・〇×三一・八	個人蔵
24	千歳—エオラプトル	二〇二四	六〇・六×七二・七	個人蔵
26	暮れ方—ティラノサウルス	二〇二四	四五・五×三八・〇	個人蔵
27	浮雲—カルノタウルス	二〇二三	五三・〇×四一・〇	個人蔵
28	閑雅—オヴィラプトル	二〇二三	四五・五×五三・〇	個人蔵
29	吉兆—ズール	二〇二四	二七・三×二二・〇	個人蔵
30	慶兆—コンプソグナトゥス	二〇二三	五三・〇×三三・三	個人蔵
31	漂泊—スピノサウルス	二〇二五	一九・〇×二七・三	個人蔵
32	遊雲—トリケラトプス	二〇二五	一九・〇×二七・三	個人蔵
33	婆娑羅—ステゴサウルス	二〇二五	四一・〇×三一・八	個人蔵
34	勇往邁進—ステゴサウルス	二〇二三	四五・五×六〇・六	個人蔵
36	不撓—ティラノサウルス	二〇二一	九一・〇×七二・七	個人蔵
38	縁起—ティラノサウルス	二〇二二	七二・七×九一・〇	個人蔵
40	暮相—ティラノサウルス	二〇二四	四一・〇×二七・三	個人蔵
41	暁—ティラノサウルス	二〇二四	四五・五×三八・二	個人蔵
42	うつろい—オヴィラプトル	二〇二四	五三・〇×四一・〇	個人蔵
43	曙光—サウロロフス	二〇二四	三三・三×五三・〇	
44	長夜—パキケファロサウルス	二〇二四	五三・〇×四五・五	
45	白昼—エイニオサウルス	二〇二四	五三・〇×三三・三	個人蔵
46	暁天—プテラノドン	二〇二五	四一・〇×三一・八	個人蔵
47	響—パラサウロロフス	二〇二五	三一・八×四一・〇	
48	ズール	二〇二三	五〇・〇×六五・二	作家蔵
49	ゴルゴサウルス	二〇二三	五〇・〇×六五・二	作家蔵
50	あいあい—ゴルゴサウルス	二〇二四	八〇・三×一一六・七	
55	往来—バジャダサウルス	二〇二一	五〇・〇×六五・二	

頁	作品名	制作年	サイズ／タテ×ヨコ（cm）	所蔵
56	自適—フクイサウルス	二〇二一	六五・二×五〇・〇	個人蔵
57	意気—トリケラトプス	二〇二一	三一・八×四一・〇	個人蔵
57	短夜—スピノサウルス	二〇二一	二七・三×四一・〇	個人蔵
58	悠然—スティラコサウルス	二〇二二	四一・〇×二七・三	個人蔵
59	黒白—グアンロン	二〇二一	五三・〇×四五・五	個人蔵
60	藹々—パキケファロサウルス	二〇二三	五〇・〇×六五・二	個人蔵
61	契機—シノサウロプテリクス	二〇二三	五三・〇×三三・三	個人蔵
62	伏す—トリケラトプス	二〇二二	三三・三×二二・〇	個人蔵
63	黄昏—ティラノサウルス	二〇二三	六五・二×五〇・〇	個人蔵
64	浮遊—スピノサウルス	二〇二三	四一・〇×五三・〇	個人蔵
65	潜竜図—スピノサウルス	二〇二二	五三・〇×四五・五	個人蔵
68	宵—スピノサウルス	二〇二四	八〇・三×一一六・七	
77	雄心—スピノサウルス	二〇二〇	六五・二×六五・二	個人蔵
80	巫山戯る—ティラノサウルス	二〇二四	七二・七×九一・〇	個人蔵
82	自灯明—ティラノサウルス	二〇二三	九一・〇×六五・二	個人蔵
83	居る—ゴルゴサウルス	二〇二二	四五・五×五三・〇	個人蔵
84	寄る—ヴェロキラプトル	二〇二四	五三・〇×四五・五	
85	怪異—テリジノサウルス	二〇二四	四五・五×五三・〇	個人蔵
86	ひととき—ステゴサウルス	二〇二三	五三・〇×四五・五	個人蔵
87	恋慕—マイアサウラ	二〇二三	四一・〇×五三・〇	個人蔵
88	火点し頃—ステゴサウルス	二〇二四	五三・〇×四一・〇	個人蔵
89	竜鳴—メガロサウルス	二〇二四	五三・〇×四五・五	個人蔵
90	朗らか—ピロラプトル	二〇二四	二二・七×一六・〇	個人蔵
90	相対—トリケラトプス	二〇二五	二二・七×一五・八	個人蔵
91	清夏—スコミムス	二〇二五	二二・七×一五・八	個人蔵
91	風雅—ティラノサウルス	二〇二四	二二・七×一六・〇	個人蔵
94	拍動—ブラキオサウルス	二〇二五	七一・五×一七〇・〇	
96	起り—セントロサウルス	二〇二五	七二・七×六〇・六	
110	曙雲竜図	二〇二二	六〇・六×七二・七	個人蔵

素材は全て雲肌麻紙、墨、岩絵具、真鍮泥

略歴

一九九〇年　東京都町田市生まれ
二〇〇九年　東京都立駒場高等学校卒業
二〇一九年　東京都藝術大学美術学部絵画科日本画専攻卒業

個展

二〇二〇年　水島篤日本画展（九段耀画廊）
二〇二一年　水島篤日本画展（福岡三越）
二〇二二年　水島篤日本画展（銀座三越）
二〇二三年　水島篤日本画展２０２３（銀座三越）
　　　　　　水島篤日本画展（あべのハルカス近鉄本店）
　　　　　　水島篤日本画展２０２３（名古屋栄三越）
二〇二四年　個展（川風のガーデン）
　　　　　　水島篤日本画展（伊勢丹新宿店）
　　　　　　水島篤日本画展（岡山天満屋）
二〇二五年　水島篤日本画展（ArtGallery 東急プラザ銀座）
　　　　　　水島篤日本画展～ Dinosaur ～（広島福屋八丁堀本店）
　　　　　　水島篤日本画展（銀座三越）

グループ展

二〇一七年　まほろば展〈日本の心を描く〉（九段耀画廊）
　　　　　　春の讃歌展 Vol.2（九段耀画廊）
　　　　　　秋の讃歌展 Vol.2（九段耀画廊）
二〇一八年　真夏の美の夢展 Vol.5（九段耀画廊）
　　　　　　蒼の覚醒（ギャラリー唯）
二〇一九年　東京藝術大学卒業・修了制作展（東京藝術大学）
　　　　　　春の賦（九段耀画廊）
　　　　　　第12回プラチナアート大賞展（日展新会館）※ホルベイン賞受賞
　　　　　　第32回「日本の自然を描く」展（上野の森美術館）
二〇二〇年　現代日本画洋画作家展（伊勢丹府中店）
　　　　　　真夏の美の夢展 Vol.6（九段耀画廊）
　　　　　　再興第104回院展（東京都美術館）
　　　　　　日本画恐竜展（アートギャラリー道玄坂）
　　　　　　桜色、桃色、想ひ色（ギャラリー唯）
　　　　　　LIFE FORM ―命の力―（ギャラリーアートポイント）
　　　　　　有芽の会（西武池袋本店）
　　　　　　日本画恐竜展福井県勝山市店（花月楼）
　　　　　　第2回「日本画と恐竜」展（gallery 路草）
　　　　　　干支展（九段耀画廊）
二〇二一年　静岡@アーティストになろう２０２１（松坂屋静岡店）
　　　　　　山本冬彦が推薦する若手作家小品展Ⅶ（ギャラリー枝香庵）
　　　　　　有芽の会（西武池袋本店）
　　　　　　五節句の賦（九段耀画廊）
　　　　　　世田谷@アーティストになろう２０２１―ワタシタチの物語（平成記念美術館ギャラリー）
　　　　　　日本画6人展（アートスペース羅針盤）
　　　　　　第3回「日本画と恐竜」展（gallery 路草）
二〇二二年　「日本画と恐竜」展 in 海洋堂ホビーランド（海洋堂ホビーランド）
　　　　　　第4回「日本画と恐竜」展（gallery 路草）
　　　　　　一期と一絵（日本橋三越本店）
二〇二三年　上野@アーティストになろう２０２３（松坂屋上野店）
　　　　　　アートコレクション―特集作家 水島篤（小田急百貨店町田店）
　　　　　　アーティストになろう２０２３（松菱百貨店）
　　　　　　2023 MITSUKOSHI Art Weeks 水島篤特集（日本橋三越本店）
　　　　　　FINE ART COLLECTION 2023（松坂屋上野店）
　　　　　　GEIDAI ART JUNGLE returns 藝大密林化計画（藝大アートプラザ）
　　　　　　JURASSIC PARK MEMORABILIA（PARCO MUSEUM TOKYO）
　　　　　　第5回「日本画と恐竜」展（gallery 路草）
二〇二四年　「美しき獲物たち～竜と女と獣と～」（福岡三越）
　　　　　　第3回 立葵の彩り（無量山 傳通院）
二〇二五年　第6回「日本画と恐竜」展（ArtGallery 東急プラザ銀座）

その他の活動

二〇二三年　恐竜博２０２３グッズコラボレーション
　　　　　　KADOKAWA『恐竜骨ぬりえ』日本画コラボ

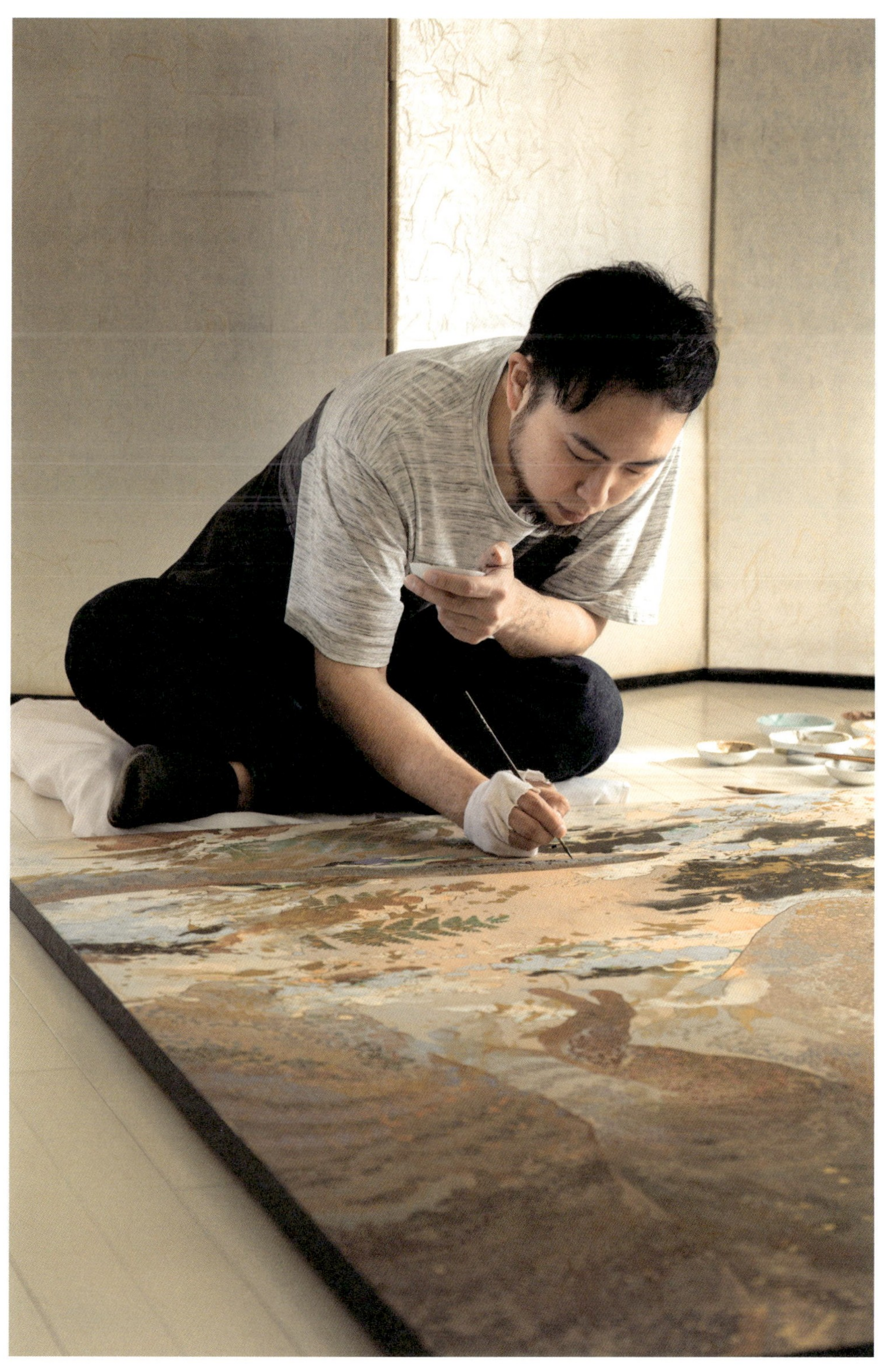

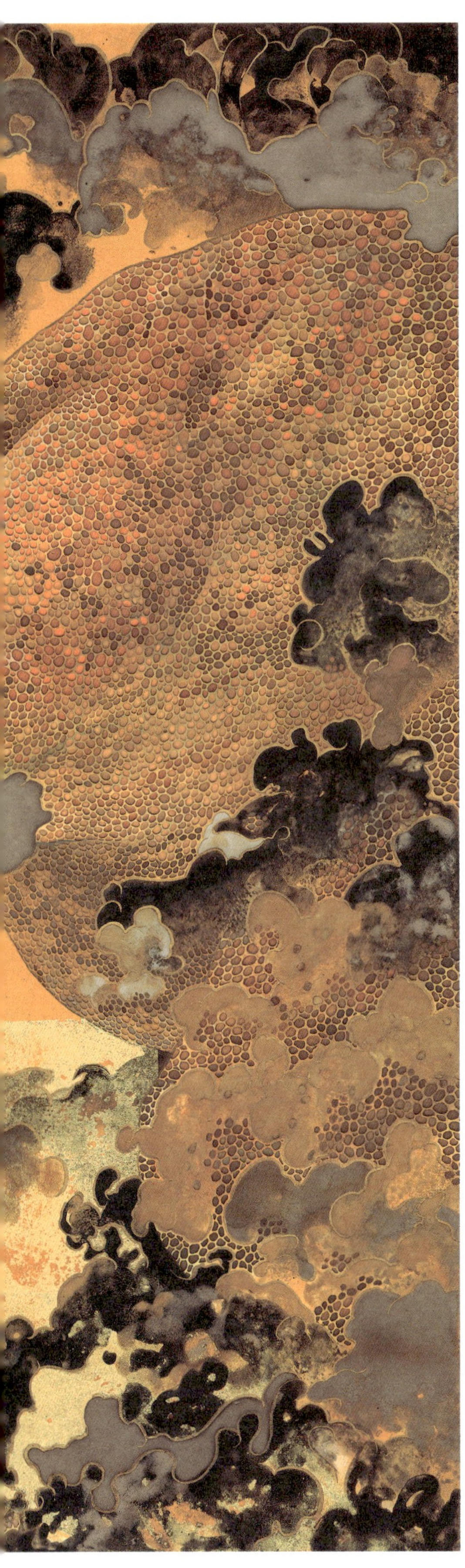

曙雲竜図

2022年　60.6 × 72.7cm

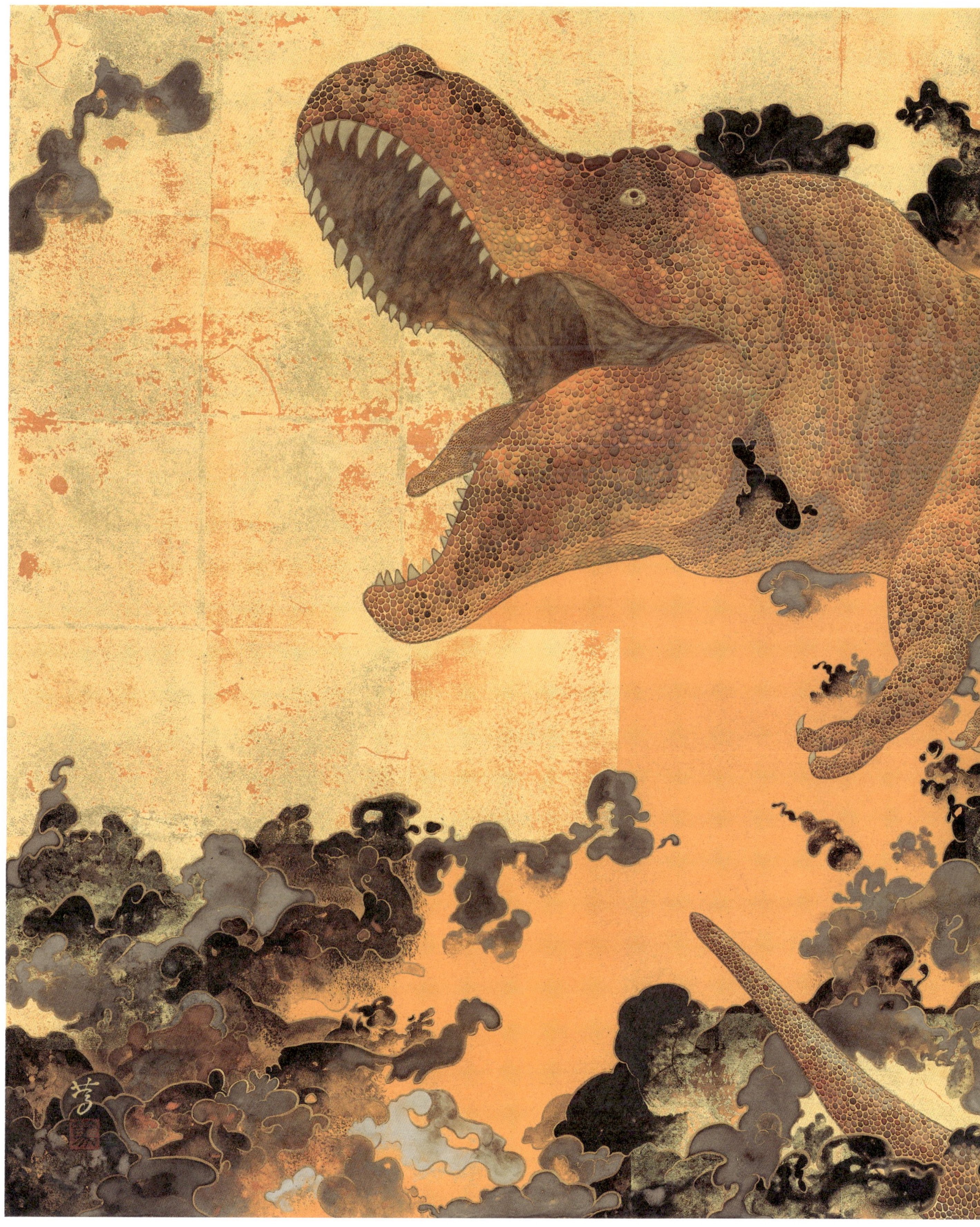

水島篤作品集　恐竜日本画帖

二〇二五年四月三〇日　初版第一刷発行
二〇二五年八月一八日　第二刷発行

著者　水島篤
発行者　相澤草多
発行所　芸術新聞社
〒一〇一-〇〇五二
東京都千代田区神田小川町二-三-十二 神田小川町ビル
電話　〇三-五二八〇-九〇八一（販売課）
ファックス　〇三-五二八〇-九〇八八
URL　https://www.gei-shin.co.jp

印刷・製本　サンニチ印刷
デザイン　堀川達也　horikawa design office
現場撮影　山畑俊樹
協力　T&Tギャラリー、岡崎画廊、リューデックス、小田隆
国立科学博物館、福井県立恐竜博物館、群馬県立自然史博物館

ISBN 978-4-87586-729-6 C0071

Atsushi Mizushima Works of Art
Dinosaurs × Japanese-Style Painting

Geijutsu Shinbunsha Inc.
Kanda Ogawamachi Building, 2-3-12 Kanda Ogawamachi, Chiyoda-ku, Tokyo 101-0052, Japan
URL http://www.gei-shin.co.jp

ISBN978-4-87586-739-5 (Outside Japan)